在日朝鮮人の「帰国」政策

――一九四五～一九四六年

鈴木　久美著

緑蔭書房

目次

表目次

在日朝鮮人の「帰国」政策

――一九四五～一九四六年

凡例

一、本書では「朝鮮（民族、人、地域）」という語を使用する。これは政治・時代・国籍に拘らず日本では「在日」という意味合いも含めて表記した。

一、朝鮮半島北緯三八度以南の地域を指す場合には「南朝鮮」、三八度以北を指す場合には「北朝鮮」と表記した。

一、本書の対象とした時期は、一般的に「引揚」や「引揚げ」と記されている場合が多い。だが、朝鮮人と日本人のおかれていた立場の違いから「帰国」とした。ただし、日本人のみを指す場合や、日本人と朝鮮人を含めた場合、資料の原文のまま記す際には、「引揚」または「引揚げ」、「帰還」と表記することもある。

一、アジア太平洋戦争終結を「敗戦」や「終戦」とするが、朝鮮人側では、朝鮮半島が日本帝国から解放されたことから、「解放」とする場合もある。

一、引用文については、文中の漢字は、原則として旧字体は新字体に改め、読みやすくするために適宜、カタカナはひらがなに改めた箇所もある。

一、英語資料の引用文については適宜、筆者が日本語に訳した。

一、引用文中の□は判読不能を示す。なお、［……］はその箇所に応じて前略・中略・後略と表記した。

一、「ＧＨＱ／ＳＣＡＰ」という用語については、引用文によっては「占領軍」、「軍当局」、「連合指令部」、「連合国軍司令部」などで示されている。同一の意味で記されていると思われる場合には「ＧＨＱ」と記した。なお、ＧＨＱ／ＳＣＡＰの組織において「引揚」を担当する部署は参謀第三部（Ｇ―Ⅲ）であるが、本論文ではこの部署も含めた意味として「ＧＨＱ」と表記する場合もある。

一、引用文中の「密航」については、「不法入国」、「再渡航」、「再入国」、「密入国」など、いくつかの用語が使われている。とりわけ取り締る側による資料では「密航」や「密入国」と記されているが、本書では「再渡航」と表記した。ただし、資料を引用する際には原文のまま括弧をつけて「密航」とした。

一、引用文中の「半島人」、「鮮人」、「南鮮」、「北鮮」、「帰鮮」、「日鮮」、という語は、日本が朝鮮半島を植民地として支配した時代に使用された侮蔑的、差別的ニュアンスを含む言葉である。だが本書では資料の原文のままとした。「支那」、「琉球」、「京城」という語も原文のままとした。

一、引用文中の「労務者」という言葉は、本文中においてできるだけ「労働者」と改めた。だが、原文のまま使用する場合には括弧をつけた。

一、朝鮮人団体の「在日本朝鮮人連盟」は、場合によっては「朝連」と略した。

はじめに

一　本書の課題

一九四五年八月一五日の日本の敗戦から後、日本にいた朝鮮人を朝鮮半島へ帰国させることは、日本政府の朝鮮植民地支配および戦時中の強制的な労働動員や兵力動員に対する責任を果たすため、日本人と同等の援護体制の下におこなわなければならないことであった。また、そのことは日本を占領するＧＨＱにとっても、責任をもっておこなわなければならない政策の一つであったと考える。

しかしながら、森田芳夫や金英達らの研究によれば、帰国した約一四〇万人の朝鮮人の九割は、一九四五年八月から一九四六年三月までの間に帰国しているという。(1)しかも、その内の約四〇万人は、自力で帰国したとされている。(2)すなわち、約七カ月という短期間に、大量に朝鮮人は帰国した、あるいは帰国させられたのであれば、この事実が問題を生み出さないはずはない。浮島丸（一九四五年八月二四日、釜山行の海軍御用船浮島丸が舞鶴港沖で爆沈）の事故以外に、現在にもつながる問題が当時おこっている。

例えば、一九四五年九、一〇月頃の台風により、遭難した朝鮮人の遺骨一三一柱が、埼玉県の金乗院に安置されているという。[3] 聞き取り調査によりこの遺骨は、一九四五年当時、長崎県の対馬や壱岐などに漂着したものだとわかった。[4] ただし、現時点で筆者は、この遺骨の全てが調査され、返還されたのかどうか確認はできないが、このように、終戦後七〇年以上経った現在でも、短期間に大量の帰国がおこなわれたことによる問題は残されていたのである。

さらに、先行研究によれば、終戦直後の日本において、朝鮮人は「厄介者扱い[5]」されていたという。

例えば、金英達は「GHQおよび日本政府は、植民地の解放（植民地支配・戦争責任の遂行）という観点からではなく、日本における治安の確保や食糧問題など、民生の安定という観点から、いわば〈やっかい者ばらい〉として朝鮮人・台湾人の帰国政策を遂行したように思われる。つまり、戦後の在日朝鮮人の存在は、GHQにしてみれば日本占領政策の撹乱要因であり、日本政府にしてみれば植民地支配責任・戦争責任の生きた証拠として都合の悪いものとしか見なかったわけである[6]」という。

このような問題はなぜ起こったのか、なぜ今もって解決されないのだろうか。日本政府やGHQは朝鮮人に対してどのような帰国政策を立て、帰国援護事業を展開していったのか。そのことを探るために朝鮮人の「帰国」を取り上げることとした。

二　主な先行研究

朝鮮人の帰国についての先行研究のなかで、エドワード・W・ワグナー『日本における朝鮮少数民族：一九〇四年―一九五〇年』（原本一九五一年、湖北社復刻版、一九七五年）や、森田芳夫『在日朝鮮人処遇の推移と現状』（『法務研究報告書』第四三集第三号、法務研修所、一九五五年、湖北社復刻版、一九七五年）の研究は、現在でも基礎的な資料として位置付けられている。しかし、朝鮮人の帰国そのものを取り上げたものではなく、あくまでも在日朝鮮人の形成史との関連で記述されたものである。金太基『戦後日本政治と在日朝鮮人問題』（一九九七年）は、南朝鮮の米軍政や日本政府の政策について、それまでにないアメリカ側の英文資料を使い、朝鮮人の帰国だけでなく日韓会談にまで及ぶ力作である。

ＧＨＱの政策について分析した宮崎章の「占領初期における米軍の在日朝鮮人政策―日本政府の対応とともに―」（『思想』第七三四号、岩波書店、一九八五年）は、ＧＨＱの政策決定過程を検討し、日本政府の対応との関連についても分析している。例えば、一九四六年二月一七日、ＧＨＱより出された覚書（朝鮮人の帰国は、これより帰国希望登録による「計画輸送」となる、といった内容）は、日本政府が朝鮮人を早期に本国へ帰すため、積極的にＧＨＱに働きかけていた、という点を明らかにした。

地方における帰国を取り上げた研究としては、次の二つがあげられるだろう。一つ目は、内藤正中「戦後朝鮮人の母国送還と鳥取県の対応」（『北東アジア文化研究』一号、鳥取女子短期大学北東アジア文化総合研究所、一九九五年三月）がある。鳥取県の帰国者に対する対応について考察したほかに、民間組織である在日本朝鮮人連盟が、朝鮮人の帰国援護活動から排除されていく過程についても明らかにしている。二つ目は、多くの朝鮮人を送り出した送出港の一つである博多を事例とした出水薫の研究（「敗戦後の博多港における朝鮮人帰国について―博多引揚援護局『局史』を中心とした検討―」『法政研究』第六〇巻第一号、九州大学法政学会、一九九三年）である。出水の研究は博多における朝鮮人の帰国全般について分析したものである。その中でも、日本政府やＧＨＱから統一された政策が出される以前から、博多では独自の判断によって帰国をおこなっていた、という点を明らかにしている。ただし、出水の研究は、まだ研究ノートにとどまっており、博多における研究の課題は、まず資料の調査と発掘だろうとしている。

帰国政策を論じる上で、日本政府とGHQに焦点を当てる以外に、占領軍の役割も重要であろう。英連邦進駐軍（BCOF）の資料を使い、BCOFの占領政策を分析したマシュー・オーガスティン「越境者と占領下日本の境界変貌―英連邦進駐軍（BCOF）資料を中心に」（『在日朝鮮人史研究』三六号、在日朝鮮人運動史研究会、二〇〇六年、緑蔭書房）の研究がある。ちなみに、戦後日本占領期の英連邦進駐軍に関する資料は、オーストラリア戦争記念館とニュージーランド国立公文書館に膨大な資料が所蔵されている。

この他にも近年は、「帰還」、「密航」、「送還」といった朝鮮人の三つの移動を、メディアの機能や役割に着目し検討した研究（小林聡明「帰還・密航・送還―GHQ占領下における在日朝鮮人の移動とメディア」『東アジア近代史』第一〇号、東アジア近代史学会、二〇〇七年、ゆまに書房）や、文献からはなかなか捉えることができない視覚の面においても、浅野豊美監修・解説、明田川融訳『故郷へ：帝国の解体・米軍が見た日本人と朝鮮人の引揚げ』（現代史料出版、二〇〇五年）により、捉えることができるようになった。そして、朝鮮人の側から見た帰国については、菊池和子『釜山できく元在日の詩　日本も私のふるさとです』（かもがわ出版、二〇〇七年）といった証言集が出版されており、この証言集の中では、ほとんどの朝鮮人が帰国についてもふれている。

韓国における研究は、朝鮮半島へ「帰国」した朝鮮人の状況について記された、李淵植「解放直後海外同胞の帰還と米軍政の政策」（『典農史論』第五号、一九九三年、朝鮮語）の研究があげられるだろう。李の研究によれば、帰国後の朝鮮人の生活は厳しい状況（住宅・食糧・就労不足など）にあったことが確認できる。しかし、さらに踏み込んだ地方毎の帰国者の状況は考察されていない。

最後に、宮本正明「在日朝鮮人の「帰国」―一九四五～四六年を中心として」（今泉裕美子・柳沢遊・木村健二編著『日本帝国崩壊期「引揚げ」の比較研究　国際関係と地域の視点から』日本経済評論社、二〇一六年）は、これまでの在日朝鮮人の帰国に関する日本側の研究と韓国側の研究を丁寧にわかりやすくまとめたものである。朝鮮人の帰国について学ぶ上では欠かせない研究書であろう。なお、他の先行研究については、本文のなかで随時取り上げていきたい。

以上の研究を踏まえつつ、本書においては、先に述べた現在の問題を考える上でも、あらためて日本政府とGHQの政策、地方行政機関の対応と行動、送出港における帰国者への援護などを中心に、朝鮮人の帰国について明らかにすることを課題とする。そうすることで、朝鮮人を送り出した末端部分である送出港の援護体制を含めた、帰国政策を総合的に捉えられると考える。

三　資料

資料については、主に日本側の「行政文書」（例えば、ここでは厚生省、内務省、朝鮮総督府などが作成した資料を一次資料とする）を使用し、個別に実証する。以下、使用資料について概観しておこう。

まず、近年、朝鮮人の帰国に関しては、外務省外交史料館や国立国会図書館憲政資料室、各地の文書館などにおける資料の開示や研究者の調査・収集により、日本側の行政関係の資料のみならず、当時の連合国側の英文資料も発掘されている。その中でも、もっとも基本的な日本側の「行政文書」としては、『非日本人輸送関係通牒綴』（鳥取県厚生課、一九四五年）が上げられるだろう。この資料には、中央省庁（厚生省や内務省など）から地方知事宛てに出された通牒や、GHQから日本政府に出された覚書が豊富に収録されている。ただし、実際に帰国を実施する「現場」の状況を把握できる文書は、あまり収録されていないという難点がある。その他には、二〇〇〇年に外務省から公開された『太平洋戦争終結による旧日本国籍人の保護引揚関係雑件』があり、資料名の「雑件」から推測できるように、行政関係の文書やGHQによる覚書類以外のものも混在している。そのためか、厚生省がまとめた終戦直後の一九四五年九月前後の山口県下関周辺に滞留する朝鮮人の状況が把握できる文書や、帰国する当事者の朝鮮人に対して高知県が実施した、帰国に関するアンケート調査に関わる文書なども収録されている。

また、他の重要資料として、一九四六年三月、日本国内の全地域で実施した「帰還希望登録調査」があるが、この調査を実施した「現場」の実態を知るための資料として、『昭和二〇年九月　昭和二〇年人口調査に関する綴　K村役場』（㈶世界人権問題研究センター所蔵）がある。この他にも、この調査を実施する上で必要な経費を地方側から中央の日本政府へ、例えば「朝鮮人等登録諸費」名で臨時予算として追加申請した資料が収録されている大阪府の『府参事会議案原議綴』（大阪府文書館所蔵）がある。この資料はこれまでの研究でも一部引用はされていたが、新たな視点により再検討をすれば、地方が独自に取り組んで実施した帰国の実態が見えてくるのではないかと筆者は考える。

さらに今回、朝鮮総督府が日本政府に宛てて送った文書や、福岡県や山口県が敗戦直後の朝鮮人の動向を調査し、中央の日本政府に送った報告書などもある。これらの資料は従来使われてこなかった貴重な資料である。詳しい内容については、本論で論じ、ここでは省略する。

また、帰国朝鮮人を朝鮮側でどの様に受け入れたのか。朝鮮米軍政庁による帰国受入政策に関する資料として、英文資料、“U. S. Army Military Government in Korea.; Repartriation from 25 September 1945 to 31 December 1945, William J. Gane”（米国立公文書館、国立中央図書館〈ソウル〉所蔵を使用した。

最後に、朝鮮人団体によって作成された「密航同胞調査報告書」（米国立公文書館所蔵、RG242. BOX No. 1173）がある。これは今回入手できた資料の中でも、朝鮮人の手により作成されたまとまった資料である。従来の研究において使われてこなかったこともあり、詳細な検討が可能であるとともに、今後の朝鮮人帰国の研究に限らず活用されるだろう。そして、「占領軍関係」の英文資料の使用は、日本政府側の行政関係の資料に比して少ない。そのため、使用資料に多少の偏りはあることも事実である。だが、これらの資料を、特に、日本側の行政関係の一次資料を使い、詳細に検討することを目指す。

四　本書の構成

第一章では、帰国者数について検証していく。これまでの、森田芳夫や金英達らの先行研究とあわせて、「内地在住朝鮮人帰鮮希望見込数」、「引揚朝鮮人の輸送」(Transportation of the Koreans to be repatriated)、「在本邦朝鮮人現況」、各『引揚援護局史』、などの資料により再検討し、朝鮮人の帰国者数を考えてみたい。

次に、終戦直後の日本政府の政策と、企業や政府の朝鮮人労働者に対する帰国後の対応を、朝鮮総督府から送られた電報により見ていく。

そして、労働者、軍人・軍属、「一般人」の帰国などから、それぞれの終戦直後の状況と帰国した時期についても見ていきたい。とりわけ、軍人・軍属の帰国についての先行研究は、ほとんど見あたらない。そこで今回は、防衛庁防衛研究所図書館蔵の「本土配備部隊行動概況表」を中心に、「関釜並ニ博釜航路経由旅客輸送ノ件」、「半島人ノ動向概要報告ノ件」などにより、とくに軍人・軍属の帰国した時期について見ていきたい。

第二章は、引揚援護体制の形成についてである。ここでは、終戦直後から朝鮮人の帰国(北緯三八度以南向け)が終了した一九四六年一二月二八日までの、日本政府およびGHQの援護体制の形成過程を見ていく。とくに、帰国希望登録による「計画輸送」がおこなわれることになった理由は、朝鮮人をなるべく早期に本国に送り帰すことから始まったという宮崎の論や森田芳夫によると、「計画輸送」の不振の理由は、主に朝鮮半島の実情にあり、それは、食糧不足、住宅不足、持ち帰り金の制限などであったという。ここでは、具体的に朝鮮人はどのような理由により帰国を拒否していたのか探っていく。この検証にあたり、使用する主な資料は、(財)世界人権問題研究センター蔵「朝鮮人、中華民国人、本島人及本国ヲ北緯三十度以南(ロノ島ヲ含ム)ノ鹿児島県又沖縄県ニ有スル者登録令ニ関スル件」、鳥取県『非日本人輸送関係通牒綴』、などである。

第三章、第四章では、第二章で論じた政府レベルでの引揚援護体制が整えられていく過程で、その援護体制がどのように各県レベルに伝達され、各送出港においてどのような対応がなされたのか、終戦直後のまだ引揚援護体制が整っていない時期も含めて考察していく。具体的には、山口県の下関・仙崎と福岡県の博多など、送出港とその港を持つ県における援護体制を事例として、終戦直後の県、市、町の対応、また、興生会や民生課、朝鮮人組織の活動、そして、朝鮮人組織と行政側との関係についてもあわせて見ていく。また、山口県や福岡県は、朝鮮人を帰国させた送出港をもつ他に、県内に在住する朝鮮人が多数いた。そこで、これらの県では、在住する朝鮮人に、どのような対策を立てていたのだろうか。そのことも含めて考察していく。ここで使用する主な資料は、山口県文書館所蔵『長官事務引継書』や各『引揚援護局史』、そして、報道機関の資料などである。

第五章では、京都府にある舞鶴港と長崎県佐世保港を取り上げる。この二つの港は、博多港や仙崎港に比して帰国者数は少ないものの、当時は引揚げ港として、業務を果たしていた。ここでは、限られた資料からではあるが、援護局の職員、興生会、朝鮮人組織などによる、帰国者の援護活動を見ていく。

第六章では、戦前から朝鮮人の人口が多い地域である大阪府を取り上げ、大阪府と大阪府警察による朝鮮人の帰国の実施過程を分析する。それによって中央の日本政府が出した帰国政策が、実際に送出港へ送り出す側の「現場」である大阪府では、どのように実施されていたのかが明らかになるだろう。

第七章では、第六章までの朝鮮人の送出の政策・実態分析に対し、南朝鮮側の帰国者受入体制の政策と実状を限られた資料ではあるが見ていく。米軍の朝鮮進駐前の受入体制、米軍進駐後の米軍政庁の帰国受入政策等についてふれる。

第八章では、日本における朝鮮人の再渡航についての実状を取り上げる。この時期の再渡航については、従来の研究の中では、例えば「不法入国」や「密航」という表記が使われ、取り締る側の資料により分析された研究が主であった。ここでは、朝鮮人団体が作成した資料を使い、主に再渡航者が収容されていた収容所の様子を見ていく。なお、日本政府、とりわけ内務省による再渡航者に対する動きもあわせて見ていく。

註

（1）森田芳夫『在日朝鮮人処遇の推移と現状』（法務研究報告書第四三集第三号、法務研修所、一九五五年。湖北社復刻版、一九七五年）六八頁。金英達『在日朝鮮人の歴史（金英達著作集Ⅲ）』明石書店、二〇〇三年、四五頁。

（2）金英達同前。

（3）『朝鮮新報』二〇〇五年二月二二日付。一九七六年に広島の民間団体が壱岐で八六柱を収集し、一九八四年に韓国の民間団体の要請により日本政府が対馬で四五柱を収集した。その後、金乗院は厚生労働省の依頼により一九九三年に四五柱を、二〇〇三年に八六柱を預かっているという。

（4）同前。

（5）例えば、戦後補償問題研究会編集『戦後補償問題資料集』第九集、戦後補償問題研究会、一九九四年、八頁。宮崎章「占領初期における米軍の在日朝鮮人政策―日本政府の対応とともに―」『思想』七三四号、岩波書店、一九八五年八月、一三二～一三三頁。

（6）同前、『戦後補償問題資料集』八～九頁。

第一章　終戦直後の帰国者数と日本政府の政策

これまでの森田芳夫や金英達らの先行研究と、彼らが使用していなかった資料とあわせて、朝鮮人の帰国者数を再度考えてみたい。次に、終戦直後の日本政府の政策と、企業や政府の朝鮮人労働者に対する帰国後の対応を、朝鮮総督府から送られた電報を資料として見ていこう。そして、労働者、軍人・軍属及び上記を除く「一般朝鮮人」の帰国などを、それぞれの終戦直後の状況と帰国した時期についても見ていきたい。

一　帰国者数

一九四五年日本の敗戦にともない、日本から朝鮮半島へ帰国した朝鮮人の数は、森田芳夫によれば、既述のように約一四〇万人であった(1)。その内訳は、一九四五年八月から一九四六年三月末までに帰国した者は、九四〇、四三八人（一般人、労働者、軍人・軍属を含む）、一九四六年四月から一九四六年一二月末までは八二、九〇〇人、その他、統計漏れが約四〇万人と推定され、この数字は、各『引揚援護局史』に記載されている数字である(2)。

また、金英達は、帰国者数を議論する前に、まず、終戦時に日本にどれだけの朝鮮人がいたかという記述から始めなければならないという。しかし、空襲や敗戦により日本の行政機構が麻痺しており、当時の朝鮮人を量的に把

握するための統計資料はない。(3) だが金は、森田の論に独自の調査を加え、終戦時の在日朝鮮人数を算定している。(4)

具体的にいえば、一九四五年八月の終戦時の在日朝鮮人数を二〇〇万人、その内訳として、一般在住者一六〇万人、強制動員労働者三〇万人、軍人・軍属一〇万人、一九四六年三月までの引揚数一四〇万人（政府ルートによる引揚一〇〇万人、自力ルートによる引揚四〇万人）、一九四六年四月から一二月の引揚数（計画送還期）一〇万人、そして、一九四七年初頭における朝鮮人の残留数は五〇万人としている。(5) このように、金は一九四五年八月の終戦から一九四六年一二月末までの間に、朝鮮半島へ帰国した朝鮮人の数は一五〇万人と推定している。

そこで、先の金の指摘にもある終戦時の朝鮮人人口、全帰国者数（一九四五年八月から一九四六年一二月末まで）、各港別帰国者数などと次の資料をもとに再検討してみる。使用する資料は、「Transportation of the Koreans to be repatriated」、「在本邦朝鮮人現況」、「帰還朝鮮人輸送計画概要」、各『引揚援護局史』である。

一九四五年一〇月二三日、終戦連絡中央事務局がGHQに提出した英文資料がある。その中の「Transportation of the Koreans to be repatriated」（引揚朝鮮人の輸送）によれば、終戦時の朝鮮人人口は、二、〇四一、七〇〇人と推定されている。(6) この数字は日本政府が推定した終戦時の朝鮮人人口をもとにしている。

一九四六年一一月二〇日付、終戦連絡中央事務局の管理部(7)から出された「在本邦朝鮮人現況」を見てみると、終戦当時の朝鮮人人口は推定一、九五〇、〇〇〇人、一九四六年一一月二〇日現在、帰国した者九八二、〇〇〇人、今後帰国予定の者三二、〇〇〇人、日本に残留する者九二四、〇〇〇人。しかし、内務省の調査によれば日本に在住している者は五三八、〇〇〇人であるという。(8) ここに見られる、推定在留者の数と実際に調査した在留者の数には、約四〇万人の差がある。この点について資料では、「この間の差約四〇万人は現在の調査により補足出きぬ者及計画外に帰国したものと推定されるが正確なる数字は今後の調査を俟つ外方法がない」(9) と付記されている。つまり、終連管理部も、朝鮮半島へ帰国した朝鮮人の数を、先の先行研究とほぼ同数の約一四〇万人と考えていたようである。

次に、今までの先行研究では、このように朝鮮半島へ帰国した朝鮮人のそのほとんどが、一九四六年四月に、GHQが朝鮮人の帰国に対して具体的な政策を確立した時点では、すでに九割は帰っていたとしている。[10]そこで森田が使った同じ資料ではあるが、各『引揚援護局史』[11]より、各港別朝鮮人帰国者数を作成し、表1〜4に示した。[12]その結果、朝鮮人の帰国者数は、一九四五年八月の終戦直後から一九四六年三月末の間に集中していることが確認でき、その上、一九四五年八月から一二月末までの帰国者数（労働者、軍人・軍属を含む）を見ると、六〇四、二三九人に上ることがわかった。

そこで送出港について見てみると、一九四五年八月から一二月末までの帰国者数は、次のようである。博多港（表1）は、二八三、二三四人、仙崎港（表2）は、二六〇、七四〇人、佐世保港（表3）は、四六、四七六人、舞鶴港（表4）は、一三、七八九人である。各港によりばらつきはあるものの、舞鶴港以外の送出港では、各港からの帰国者全体の約半数以上の者が、一九四五年一二月末までに帰国していることがわかる。

また、「帰還朝鮮人輸送計画概要」によっても一九四五年一二月末現在、すでに帰国した朝鮮人は五九五、七〇〇人であると示されている。[13]この数字は、各『引揚援護局史』から集計した、六〇四、二三九人（一九四五年八月から一二月末までの帰国者数）の数字とさほど差はない。その上、朝鮮人の輸送期間を、一九四六年三月末迄に完了の見込みであるが、天候・船舶の都合によっては期間の変動も免れないとしている。[14]この資料には、朝鮮人の帰国終了の見込みが記されており、日本政府は一九四六年三月末までに、朝鮮人の帰国は終了するだろうと見ていたようである。

最後に、帰国者を輸送する日本国有鉄道が記した表5の「帰国輸送実績」を見ると、昭和二〇年一一月以前から昭和二一年四月までに帰国した者は九〇〇、四二六人[15]とある。日本国有鉄道は、この数字を「第九〇回帝国議会説明資料⑯」から作成したという。ただし、昭和二〇年の月別の「帰国輸送実績」は記されていない。
いずれにしても、終戦直後の正確な朝鮮人の帰国者数はわからないが、一四〇～一五〇万人の幅の範囲であったといえよう。

表１　1945年11月～1946年12月における博多港の朝鮮人帰国者数

（単位：人）

年　月	帰国者
1945年11月30日迄	197,479
12月	85,755
小　計	283,234
1946年１月	63,663
２月	31,673
３月	47,143
４月	24,208
５月	12,209
６月	5,322
７月	825
８月	8,248
９月	5,341
10月	2,316
11月	6,614
12月	4,024
小　計	211,586
合　計	494,820

出所：『海外引揚関係史料集成（国内篇）』第９巻、『博多引揚援護局』、ゆまに書房、2002年より作成。
注：1945年11月30日までの帰国者は、197,479人とある。この内の300人は、８月22日帰国したと表示されている。

表２　1945年９月〜1946年11月における仙崎港の朝鮮人帰国者数

（単位：人）

年　月	密航、逃亡、死亡、釈放、その他	一般帰国者
1945年９月		一般人：65,164
10月		一般人：69,381
11月		一般人：70,152
12月		一般人：56,043
小　計		260,740
1946年１月		一般人：30,109
２月		一般人：16,978
３月		一般人：12,690
４月		一般人：　5,382
５月	密航者：288、逃亡：46	一般人：　2,478
６月	密航者：107、逃亡：31、死亡：4	一般人：　1,432
	検事局送り（下関送り）：8	
７月	密航者：892、逃亡：7、釈放：89	
	死亡：2	
８月	密航者：7,019、逃亡：155、釈放：48	一般人：　625
	死亡：6、移送：13、検事局送り：1	
９月	密航者：504、逃亡：2、釈放：７、死亡：1	
	移送：2、検事局送り：1	
10月	密航者：304、逃亡：5、釈放：9	
11月	逃亡：12、釈放：6、移送：24	
小　計		69,694
合　計	密航者：合　計　9,114	330,434

出所：『海外引揚関係史料集成（国内篇）』第８巻、『仙崎引揚援護局』、ゆまに書房、2002年、より作成。

注：帰国者数の他に「密航者」、逃亡、釈放、移送、死亡などの記載もありそのまま示した。

表３　1945年11月～1946年12月における佐世保港の朝鮮人帰国者数

（単位：人）

年　月	帰国者	密航者
1945年11月	783	
12月	45,693	
小　計	46,476	0
1946年１月	8,302	
２月	525	
３月	3	
６月	24	
７月	0	29
８月	140	
９月	6	4,902
10月	7	7,358
11月	68	555
12月	41	227
小　計	9,116	計　15,925
合　計	55,592	殆どが米軍操作LSTにより釜山港へ帰国

出所：『海外引揚関係史料集成（国内篇）』第10巻、『佐世保引揚援護局』、ゆまに書房、2002年、より作成。

注：帰国者数の他に「密航者」の記載もありそのまま示した。

表4　1945年9月〜1946年5月における舞鶴港の朝鮮人帰国者数

（単位：人）

年　月	船名及び到着港	帰国者	男・女・男児・女児
1945年			
9月16日	雲仙丸→釜山	788	
10月11日	雲仙丸→釜山	1,678	
10月12日	白竜丸→釜山	1,800	
10月18日	天祐丸→釜山	965	
10月19日	雲仙丸→釜山	1,776	
10月20日	百竜丸→釜山	1,826	
11月12日	雲仙丸→釜山	1,888	
11月22日	白竜丸→釜山	1,893	
11月28日	泰北丸→釜山	1,175	
	小　計	13,789	男0、女0、男児0、女児0
1946年			
1月12日	長鯨→釜山	930	男297、女206、男児207、女児219
1月21日	大瑞→釜山	2,556	男758、女587、男児631、女児580
1月28日	八五海防艇→釜山	242	男62、女58、男児53、女児69
2月4日	保高→釜山	275	男83、女63、男児62、女児67
2月7日	長江→釜山	258	男73、女59、男児67、女児59
2月15日	長江→釜山	491	男138、女115、男児131、女児107
2月21日	間宮→釜山	857	男299、女202、男児187、女児169
2月24日	長江→釜山	416	男144、女98、男児85、女児89
2月27日	SS7号→釜山	518	男153、女123、男児122、女児120

3月2日	間宮→釜山	866	男286、女197、男児193、女児190
3月5日	長江→釜山	457	男160、女104、男児81、女児112
3月6日	樺→釜山	434	男144、女103、男児111、女児76
3月14日	長鯨→釜山	700	男257、女156、男児141、女児146
3月16日	間宮→釜山	480	男176、女107、男児110、女児87
3月20日	SS114号→釜山	333	男110、女67、男児77、女児79
3月24日	間宮→釜山	767	男222、女179、男児190、女児176
3月26日	槇→釜山	361	男117、女71、男児92、女児81
3月29日	長江→釜山	500	男142、女110、男児128、女児120
3月30日	泰北→釜山	446	男133、女116、男児104、女児93
4月4日	間宮→釜山	468	男147、女117、男児100、女児104
4月8日	朝輝→釜山	401	男136、女100、男児87、女児78
4月16日	泰北→釜山	613	男190、女161、男児102、女児160
4月20日	間宮→釜山	277	男96、女67、男児54、女児60
4月24日	長江→釜山	490	男160、女122、男児108、女児100
4月24日	朝輝→釜山	558	男235、女129、男児97、女児97
4月28日	占守→釜山	255	男65、女62、男児72、女児56
5月4日	間宮→釜山	323	男134、女66、男児52、女児71
	小　計	15,272	4917、3545、　3444、　3365
	合　計	29,061	4917、3545、　3444、　3365

出所：『海外引揚関係史料集成（国内篇）』、第４巻『舞鶴地方引揚援護局史』、ゆまに書房、2002年、より作成。→の左側は帰国艦船名、右側は到着港。

注：1946年分については、船名、男・女・男児・女児などの記載もありそのまま示した。

表５　1945年11月～1946年４月における朝鮮人の帰国輸送実績

（単位：人）

年　月	帰国者
昭和20年11月以前	281,195
昭和20年11月	176,433
昭和20年12月	189,848
昭和21年１月	106,588
昭和21年２月	54,617
昭和21年３月	60,254
昭和21年４月	31,491
合　計	900,426

出所：日本国有鉄道『日本国有鉄道百年史　第10巻』1973年。
注：「第90回帝国議会説明資料」により作成と記載されており、表題は「昭和20年11月～21年４月における第三国人の帰還輸送実績」と表示されている。

二　終戦に伴う日本政府の政策と対応

日本は一九四五年九月二日、アメリカ戦艦ミズーリ号艦上において降伏文書に調印をした。これにより、一九四三年一一月二七日のカイロ宣言により独立を約束されていた朝鮮人は解放され、祖国を目指す者は各地の港へと移動していった。

この頃、日本政府は一九四五年八月二一日の次官会議において「強制移入朝鮮人等の徴用解除方針」を決定し、関係省庁では朝鮮人の帰国について協議を重ねていた。翌二二日、運輸省では内地在住朝鮮人の「帰還輸送問題打合わせ会」を開催し、朝鮮人の輸送について検討した。また、同じ日に、厚生省から地方長官宛に、「集団移入朝鮮人及華人労務者ノ取扱ニツイテハ輸送其ノ他ノ実情ヲ勘案シツツ漸次帰還セシムルコト。本件ハ新聞発表ヲ行ヒ動揺ノ防止ヲ図ルコト(17)」の通達も出された。

その後、九月一日、厚生省勤労・健民両局長、内務省管理・警保両局長から「朝鮮人集団移入労務者等ノ緊急措置ニ関スル件」(警保局保発甲第三号)が地方長官宛に通達された。内容は「関釜連絡船ハ近ク運行ノ予定ニアリ朝鮮人集団移入労務者ハ次ノ如ク優先的ニ計画輸送ヲナス(18)」とあり、日本政府として、はじめての具体的措置の発表であった。具体的といっても、「どこが、いつから、どのようにして帰国をおこなうのか」まで示した通達ではなかったが、帰国する優先順位は明記されていた。けれども、輸送順位は「概ネ土建労務者ヲ先ニシ石炭山労務者ヲ最後トシ、石炭山等ニ於ケル熟練労務者ニシテ在留希望者ハ在留ヲ許容スルコト但シ事業主ニ於テ強制的ニ勧奨セザルコト(19)」とあり、日本政府はエネルギー源として重要な炭鉱に勤務している朝鮮人の帰国は後回しにし、とくに熟練労働者の在留は許した。だが、炭鉱で働く労働者も、「とくに、北海道や常磐地区の朝鮮人炭鉱労務者は、待遇改善を要求してストライキを起し、暴動化して、米軍が出動鎮圧したこともあり、できるだけ早く送還せしめる方針がとられた」[20]とあり、日本政府は早くも「計画輸送」の変更をしなければならなくなった。九月一二日には、鉄道総局業務局長から地方鉄道局長宛に「関釜並ニ博釜航路経由旅客輸送ノ件」（運業輸二第二〇号）[21]が通達された。ここでは、下関と釜山、博多と釜山間の連絡船では、一般乗客の利用を停止し、朝鮮人軍人・軍属、集団移入労働者などの帰国を優先的におこなうことを指示したものである。

このように、日本政府が帰国政策を出す中で、朝鮮半島へすでに帰国した朝鮮人労働者から朝鮮総督府に対して、日本側の不十分な処遇に対する抗議が上っていた。

例えば、「日本から帰ってきた集団移入朝鮮人労務者が、日本側の不十分な処遇に対する不満の矛先を在朝日本人に向けたからである。そして、自分たちを日本に送り込んだ仁川、群山、全州、木浦、羅州等の地方庁にその救済を要求した」[22]ことや、「戦時下の諸事情から、約束された処遇と違うことが多く、また、空襲による犠牲もあった。南方や北方におもむいたものの中には、戦死者も多く、また、米軍の捕虜になったものもいた。かれらは、終戦後の混乱の中に、朝鮮に帰還しても歓迎されず、また簡単に職も見つからず、その不平不満のはけ口を、在住日本人に向けたのである」[23]。「解放」を迎えた直後の朝鮮半島南部では、この時期はまだ帰国者を受け入れる体制が整っていなかったことも、在朝日本人や朝鮮総督府に抗議が向けられた原因の一つであったといえよう[24]。

このような抗議を受け、八月二一日、朝鮮総督府鉱工局長は内務省宛に次のような電報を送っている。

期間延長内地送出勤労者ノ鮮内家族ニ対スル各種ノ家族送金等未ダ一件モ実施ヲ見ズ為ニ家族ノ慰撫指導上甚ダ困却シ居ルニ付御諒察ノ上此レガ急速ナル実施方ニ付重ネテ特段ノ御措置ヲ講フ《ママ》[25]

朝鮮総督府鉱工局長はこの電報の中で、内地送出労働者の家族宛送金が実施されていないので、内務省に至急実施するよう求めている。だが、朝鮮総督府からこの電報を受け取った日本政府は、その後になっても何の対処もしなかったと見え、八月二七日、朝鮮総督府は抗議のレベルを上げ、今度は政務総監より内務次官宛に次のような電報を送っている。

移入朝鮮人労務者ノ援護措置等ニ関シテハ格別御配意ノコトト思慮セラルルモ曩ニ期間満了移入朝鮮人労務者指導要領ヲ以テ決定シタル就労期間延長手当、統制会等ノ慰労金家族送金等未精算ノ事項然ル可キ方法ニテ是非励行セシメラレ度其ノ他事業主ノ負担スベキ朝鮮勤労動員援護会ノ会費、扶助援護費ノ経費ニ付テモ遅滞ナク納入方格段ノ御指導相煩度(26)

この電報を送った五日後の九月一日にも、再度、朝鮮総督府政務総監は内務次官宛に次の電報を送った。

八月二十九日発国民動員計画ニ基ク内地送出勤労者ノ保護並ビ帰還ニ関シテハ八月二十六日電報ヲ以ツテ御依頼シ更ニ八月二十八日当府鉱工局長ヨリ厚生省勤労局長及ビ健民局長宛重ネテ電報シ置キタル所内地工場事業場ニ於テハ此等ノ者ヲ全ク無統制ニ解散セシメタル為ニ止ムナク多大ナル困難ノ旅行ヲ敢行シ辛シテ下関、博多ニ蝟集シ飲食ニモ窮スル惨状ヲ呈シ居ル趣ニテ人心甚ダシク動揺シ居ル模様ニ付キ速急此レガ救済ノ措置ヲ講ゼラルルト共ニ此レガ送還ニ付イテハ各個行動ヲ取ラシムル事ナク計画輸送実施シ方御取計ヒ相煩ワシ度尚工場事業場ニ於ケル解雇ニ際シテノ金品ノ給与ニ関シテハ特ニ遺漏ナカラレタシ(27)

以上のように、日本政府に対して朝鮮総督府は、繰り返し電報で、計画輸送をすることと、労働者を解雇するにあたり賃金を支払うよう強く訴えていた。しかし、日本政府には朝鮮人をきちんと処遇する意思が不足していたのか、それに答えることはなかったようである。また、この資料によれば、賃金の問題だけでなく、企業側が終戦直後、朝鮮人労働者を大量解雇していることがわかる。

このような状況の中、直接、朝鮮から人を派遣し、日本政府に訴えようとする動きがあった。森田によれば、「朝鮮人側の動きに敏感な京城日本人世話会は、日本政府にはたらきかけて、朝鮮人労務者を優遇させる必要を感じ、中枢院参議曹秉相氏・毎日新報社長李聖根氏・朝鮮ＹＭＣＡ理事長金相敦氏・京城日本人世話会事務局長金子定一氏・前京城日報編集人安井俊雄氏の五名を東京へ派遣することを決定した」[28]という。また「在内地半島労務者並ニ戦災者ノ慰問」の中でも、「総監等貴関係方面ト連絡協議致度キ趣ヲ以テ近ク波多重一、金子貞一《ママ》、金川聖、夏山茂、金曹京外一名上京ノ筈ニ付万事宜敷御指導願度」[29]と記されている。ここに名前が見られる金子定一は、京城日本人世話会事務局長であった。金子が残した日記の中には、当時の様子が書き残されている。一九四五年九月一八日、釜山に着き、一九日、興安丸によって釜山から仙崎へ向けて出発した[30]とあり、ここからも、朝鮮半島から東京に向けて彼らは実際に派遣されていたことがわかる。

だが、直接彼らが日本政府に対して、朝鮮人労働者をきちんと処遇するよう求めたかどうかについては、これらの資料からは証明できないが、動機は、京城在住日本人の安全性の確保にあったと見てよい。

三　帰国の選択—労働者、軍人・軍属、「一般人」の帰国と残留—

①　労働者の帰国

「二　終戦に伴う日本政府の政策と対応」で述べたように、終戦直後から日本政府は朝鮮人労働者について帰国政策を出していった。また、朝鮮総督府から日本政府へ送られた電報により、企業側が終戦直後、労働者を大量解雇していたことがわかった。さらに、終戦を知った労働者は、終戦と同時に帰国を希望していた。その理由は、この時期の労働者は官斡旋、徴用者が大半であり、本人の希望で来た人は少なかったからである。契約期間が二年であるということ。労働者のほとんどが家族を朝鮮に残してきていたこと。戦争末期により労働内容が強化され食糧事情も悪化していたこと。工場などでは都市の空襲により、その恐怖から朝鮮の方が安全であると思われたこと。最後に、朝鮮の独立を知ったことから、当初は朝鮮での生活に希望がもてたことなどである[31]、といわれている。

では、まだきちんとした「計画輸送」が整っていない終戦直後に、労働者はどのように帰国したのだろうか。ここでは、労働者を直接、朝鮮半島へ送り出す港である博多と下関の様子を見ていこう。

まず、福岡県知事から出された「半島人ノ動向概要報告ノ件[32]」によれば、終戦直後の博多の様子は、「半島人ノ動向ニ付テハ大体前掲ノ通ナルカ何レモ生活及身上ノ不安ニ駆ラレテ帰鮮ヲ急キ八月十八日頃ヨリ博多港周辺ニ続々トシテ来集シ同二十四日迄ニ千人ヲ算スルニ至レリ[33]」とあり、福岡県は次のような援護措置をとったという。この背景には、日本政府が九月一日、各地方長官宛に出した通達に「朝鮮人集団移入労務者等ノ緊急措置ニ関スル件」がある。次にその一部を示しておく。

そこでは労働者から優先的に帰国する方針が打ち出されていた。また、帰国する際に、労働者には企業側より釜山まで引率者を同行させ、釜山埠頭内にある「総督府勤労部の渡航事務所」に引渡すよう記されている。しかし、この時期、実際に朝鮮総督府による朝鮮人の帰国受入体制が機能していたかについては、はっきりわからない（詳しくは第七章で述べる）。ただし、森田によれば、八月二七日、朝鮮総督府は終戦事務処理本部内に保護部を設け、その保護部の下に京城と釜山に案内所を設立したという。目的は日本人の援護とその送還業務であった。だが、釜山案内所では、当初、日本から帰国してくる朝鮮人の受け入れを行っていたとある。[34]こういったことから、この資料の中でいわれている「総督府勤労部の渡航事務所」とは、終戦事務処理部内保護部の下に設けられた釜山案内所という見方もできる。

帰還半島人ノ博多港来集ニ伴ヒ県ニ於テハ事態ノ容易ナラサル実情ニ鑑ミ直チニ九州地方総監府ト連絡ヲ執リ総監府第三部ヲ中心ニ関係官公営団体等会合ノ上半島労務者輸送ニ対スル万般ノ施策ニ付協議懇談ヲ逐ケ特ニ総監府第三部県及門鉄局ノ三者ニ於テハ輸送上ノ具体的打合ヲナシタル結果門鉄局ニ於テハ総監府県ニ於テ作成シタル輸送計画書案ニ基キ鉄道輸送力ヲ勘案シ最後的計画ヲ樹立シタル後逐次決定シタル分ニ対シテハ直接門鉄局ヨリ最寄ノ駅ヲ通ジ夫々鉱山工場事業場ニ対シ団体員数団体ノ乗車駅並乗船月日（博多港）等ヲ通知スルコトヽナレリ

右ニ依リ移入労務者ニ付テハ概ネ五十人ニ一人ノ割合ヲ以テ事業主側ヨリノ引率者ヲ附シ釜山ニ於テ釜山埠頭内「総督府勤労部ノ渡航事務所」ニ引渡スコトヽナレリ[35]

「朝鮮人集団移入労務者等ノ緊急措置ニ関スル件」によれば、博多港から九月六日、五一六人の労働者が帰国し

ている。その後も九月八日、二、四五三人、一〇日、二、四二五人の労働者が帰国した。(36)

次に、下関の状況はどうだろうか。一九四五年八月二九日現在の下関の様子を「下関市ニ於ケル帰鮮朝鮮人ノ滞留状況ニ関スル件(37)」はよく伝えている。

戦争終結後帰鮮セントシ管下下関市ニ参集スル朝鮮人ハ日々増加シ本日二十九日現在一万名ニ達シタルガ猶増加ノ趨勢ニアリ之ガ指導取締ニ就テハ最善ノ努力ヲ致シツツアルモ其ノ状況左記ノ通リニシテ本月三十一日ヨリ興安丸（七、〇七九噸定員一、七四四名）、徳寿丸（三、六三七噸定員一、〇〇九名）ヲ非公表ニテ交互運航開始スルコトトナリタル模様ナルモ之ガ一日ノ輸送制限度ハ二、二〇〇名程度ニシテ各府県ニ於テ無統制ニ帰鮮セシメラルルニ於テハ下関市ハ益々混乱ニ陥リ全ク収拾不可能トナリ治安保シキ難ヲ以テ貴官ニ於テ右輸送限度ヲ考慮セラレ鉄道其ノ他関係当局ト御協議ノ上輸送船ノ増配ヲ御斡旋相成ルト共ニ各庁送出期間ヲ定メ計画輸送ヲ実施セラル様致度(38)

このように、八月二九日現在、下関には一万人近い朝鮮人が帰国をするために滞留していたようである。その中には「徴用工」も一、三五〇人程おり、下関駅及びその付近や停泊中の船舶などに滞留していたという。(39)また、「日通青森支店労務者五〇名、北海道某炭鉱徴用工六〇〇名、大分県某海軍施設部工員（軍属）六〇〇名(40)、等ハ何レモ僅少ナル食糧ヲ携行シタル外引率者モナク無規律ニ逐次到着シツヽアリ(41)」、労働者は十分な食糧も持たないまま、企業の係員の引率もなく、自分たちだけで送出港までやってきた。

労働者がどのように下関まで移動してきたかを伝える資料がもう一つある。「日曹天塩炭鉱と朝鮮人強制連行」によれば、日本政府の朝鮮人に対する帰国政策が整い出したと思われる一九四五年一一月末には、北海道日曹天塩

正誤表

下記の誤記がありましたので訂正致します。

・28頁８行目　保シキ難→保シ難キ

・33頁４行目　符号→符合

・40頁注50　（軍属も服む）→（軍属も含む）

・61頁２行目　調査に努力する→調査に協力する

・71頁後から４行目　何だかの事情→何らかの事情

・199頁５行目　ぎょうせい　1977年
→ぎょうせい　1997年

・144頁6行目、「11月30日の大阪府令第109号「朝鮮人登録に関するの件」を出し、翌12月１日付で「大阪府朝鮮人登録条例」を制定した」とあるが、両者は同じものなので、この表現は不適切。
→「府令公布、翌日施行」となる。

・148頁注49には、「「大阪府朝鮮人登録条例」についての詳細は、当時の官報から確認できる。」とあるが、「官報」は国のもので府令は「大阪府公報」に載っており、朝鮮人登録条例は俗称なのでそこには載っていない。→この部分を削除する。

緑蔭書房

炭鉱の労働者は二回に分かれて、それぞれ係員が送出港まで引率していた。「第一回は寮長外四名の係員引率の下に、一九四五年十一月二十二日に鉱業所を出発。列車、青函連絡船、青森駅からは貨物列車を乗り継いで二十六日、下関駅着。翌二十七日、仙崎駅着[42]」。「第二回の帰国は海原一成引率の下に一九四五年十二月に実施されたが、詳細は不明[43]」とある。

このような状況に対して山口県側は、日本政府に輸送統制の実施を訴えている[44]。しかし、日本政府は輸送統制を図る以前に、八月二一日の次官会議において、「強制移入朝鮮人等の徴用解除方針」を決定していたため、さらに下関や仙崎に滞留する朝鮮人は増えるばかりであった。

② 軍人・軍属の帰国

軍人・軍属の朝鮮半島への帰国に関する詳細な研究は見あたらない。坪井豊吉や森田らの研究の中においても、浮島丸の沈没についてふれている程度で詳しくは示されていない[45]。樋口雄一は「朝鮮人徴兵関係年表」の中で、「朝鮮人兵士の場合、敗戦とほぼ同時に軍から除隊、現地解散が実施される。各地から朝鮮人兵士の帰国始まる。ハワイ捕虜収容所他の朝鮮人二、四五〇名が浦賀を経て仁川に帰国したのは一九四六年一月五日であった。中国在住者等は分散帰国した。日本国内の軍人は分散帰国したが、軍工場に集団で働いていた人々は集団で早い時期に送還された[46]」とある。研究が進展しない理由の一つは、資料や名簿などの非公開が主な原因であろう[47]。

そこで、資料が乏しい状況ではあるが、防衛庁防衛研究所図書館、外務省外交史料館における調査をもとに、以下軍人・軍属の帰国について改めて検討してみよう。

金英達によれば、終戦直後の軍人・軍属の数は一〇万人だという[48]。森田は、終戦時、陸軍軍人四一、四四八人、陸軍軍属一九、二三二人（引揚援護庁第一復員局復員課調査による）、海軍軍人七、四八五人、海軍軍属四四、五五三人（引揚援護局第二復員局残務処理部復員業務課調査による）としている。(49) これにより日本にいた軍人・軍属の数については、現状ではこの一〇万人前後という数字が妥当であろう。(50)

終戦後、最初に日本政府から出された軍人・軍属についての政策は、「終戦に伴う日本政府の政策と対応」の中でも述べたが、「関釜並ニ博釜航路経由旅客輸送ノ件」（一九四五年九月一二日、鉄道総局業務局長から地方鉄道局長宛、運業輸ニ第二〇号）であった。内容は、「関釜並ニ博釜航路ハ去ル八月二十八日ヨリ其ノ運航ヲ開始シタルモ現有輸送力ヲ以テシテハ到底一般ノ輸送要請ニ応ズルコト至難ニツキ当分ハ一般旅客ノ取扱ヲ停止シ専ラ半島出身軍人軍属並ニ集団移入労務者（徴用鮮人労務者）ノ集団復員輸送ニ充当シ左記ニ依リ計画輸送方取計相成度」(51) とある。

ここでは、下関と釜山、博多と釜山間の連絡船では一般乗客の利用を停止し、朝鮮人軍人・軍属、集団移入労働者などの帰国を優先的におこなうことが指示されている。その後、一九四五年一一月一日に、「非日本人ノ日本ヨリノ帰還ニ関スル件」（ＳＣＡＰＩＮ第二二四号）がＧＨＱより出されるが、この中でも、「復員軍人、元強制労働者、他の朝鮮人」の順序である。(52)

このように軍人・軍属を優先する帰国政策が出されたことにより、帰国が促進されたと考える。森田によれば、「二十一年はじめになると、動員労務者や復員者の引揚はほとんど終って、あとに一般朝鮮人の引揚問題がのこった」(53) とある。『引揚援護の記録』でも、「復員軍人、応徴士、移入集団労務者などの優先輸送は、一九四五年一二月にほとんど完了した」(54) とあり、『引揚げと援護三十年の歩み』では次のように示されている。

終戦時、日本本土にあった朝鮮籍の者又は、台湾籍の者のうちには、終戦後日本に居住することを希望する者があった。これらの者は、その所属部隊の復員により、日本軍の軍人軍属の身分を解除され、其後外国人として、日本に居住することが認められた。朝鮮籍の者の送還は、昭和二十年八月三十日、仙崎港出発の興安丸を第一船として開始され仙崎、博多、佐世保、舞鶴等の各地方引揚援護局が送還業務を行った。なお、終戦と同時に下関—釜山、博多—釜山間の連絡船を利用して帰還した者も少なくなかった(55)

それでは具体的な部隊別帰国はどうであったのだろうか。「本土配備部隊行動概況表」は、部隊別に帰国した事例を示す資料である。ここではおおまかではあるが、部隊別、人数、現地を出発した日、送出港など、軍人・軍属の集団による帰国の状況が記されている。

・第五方面軍（北海道・千島・樺太）
終戦後在北海道部隊の朝鮮軍人は現地除隊者を除き、旭川師管区部隊に集結、第一次昭和二〇年九月二八日、第二次同年九月二九日旭川駅出発。鉄道輸送により博多及仙崎より乗船帰鮮せしめた。其の人員は二、六一二名である。又朝鮮出身軍属四、〇五一名は昭和二〇年九月二二日より同年一〇月二一日の間八梯団に区分各々札幌出発帰鮮せしめた。終戦後千島、樺太部隊の朝鮮人（約五〇〇名）は現地に於て日本人と分離し単独行動を執った模様である。台湾人及沖縄人は極めて少数で日本人と行動を共にし「ソ」軍の作業大隊に編入せしめられた模様である。

・第一二方面軍（関東・北陸）
終戦後朝鮮人は昭和二〇年九月上旬から一〇月上旬に亘り軍管区関係部隊の人員を合わせ合計約一万七千人を下関（博多）から帰還せしめ（後略）。

・第一三方面軍（東海）

終戦後朝鮮人、台湾人は希望者は現地に於て召集解除（現地除隊）したが朝鮮人の大部は概ね各兵団毎に八月下旬より九月上旬迄に下関又は博多まで引率し乗船せしめた。

・第一五方面軍（近畿・中国・四国）

昭和二〇年八月一五日終戦となり昭和二〇年九月中旬復員完結《ママ》朝鮮人は昭和二〇年八月下旬博多へ輸送し逐次乗船送還した。

・第一六方面軍（九州）

終戦時に於ける在隊朝鮮人七二二名、台湾人三名主力は還送し一部は現地で召集解除した。還送朝鮮人四九七名、現地除隊朝鮮人二二五名(56)

ここから、終戦後の早い時期からすでに軍人・軍属の帰国は、博多と下関を使いおこなわれていた。これは『博多引揚援護局史』の座談会記事（一九四七年四月七日、博多引揚援護局食堂にて開催）でも、「私が民生課長になったのが、九月一日付で、朝鮮人の輸送ということが大分問題になっていました。その頃朝鮮に帰らうと思って、大分この市内に復員軍人が集っていましたが、船がでないもんですから、人数はふえる許り、次々に人はふえる許り、次々に人は集ってくる。それを集めてはいけないということで、追散らしておったという実情でした。確か徳寿丸が九月四日出たのではなかろうかと思います。九月三日に朝鮮から積んで来まして、四日朝一番に出したのが最初です。その内訳は、復員軍人軍属二、五五二名、それから一般人一六名、計二、五六〇《ママ》名でありましたね。それが第一船で一日置きに入出港していますね。三日に入ってから、ずっと毎日の運航をやっています(57)」という証言から確認できる。要するに、「関釜並ニ博釜航路経由旅客輸送ノ件」（一九四五年九月一二日）が出される以前の九月四日には、すでに軍人・軍属の帰国は始まっていた。

また「半島人ノ動向概要報告ノ件」でも、前述した『博多引揚援護局史』の座談会記事と同じような記述がある。そこでも、九月四日から軍人・軍属の帰国がおこなわれており、帰国した者の合計数も「局史」の資料と部分的に一致している。さらに、「本土配備部隊行動概況表」の、第一三、第一五方面軍より帰国した朝鮮人軍人の日時とも符号する。

九月四日ニ至リ連絡船ノ就航ヲ見タルヲ以テ博多港駅ト連絡ノ上先ツ待船中ノ復員軍人ヲ乗船セシムルコトヽナリ爾来隔日ニ出航スルコトヽナレルヲ以テ逐次輸送計画ニ基キ労務者軍人軍属及、一般半島人ヲ帰鮮セシメツヽアルカ今日迄ノ状況右ノ如シ

〔帰鮮者調〕　一九四五年九月一〇日現在（博多港）

九月四日	軍人軍属二、五五二人、		一般人　一六人	計　二、五六八人
六日	軍人軍属二、三八四人、	労務者　五一六人、	一般人　一九人	計　二、九一九人
八日	軍人軍属　九五人、	労務者二、四五三人、	一般人三五五人	計　二、九〇三人
十日	軍人軍属二、四二五人、	労務者　三三五人、		計　二、七六〇人
合計	軍人軍属七、四五六人、	労務者三、三〇四人、	一般人三九〇人	計一一、一五〇人[58]

下関では、「下関市ニ於ケル滞留状況本月二十九日現在ニ於テ軍人及軍属、下関駅及其ノ附近六〇〇人、碇泊中ノ船舶其ノ他六〇〇人、計一、二〇〇人」[59]ほどの帰国者がいた。その帰国者は、「尚軍人（軍属ヲ除ク）ニ対シテハ所轄下関憲兵隊ト協議ノ上本月二十九日ヨリ部隊解散ニ依リ不要トナリタル宿舎ニ収容兵站司令部什器ニ依リ協同炊事ヲ為サシムルコトヽセリ下関市ニ参集セル者ハ本月十八日頃ヨリ急速ニ増加シ之等朝鮮人中ニハ病者及食

糧、所持金等ナク救護ヲ要スル者相当アルヲ以テ之ガ指導警備ト共ニ従来下関警察署ニ於テ掌握スル」[60]ように、早急な援護態勢を作る必要があった。軍人・軍属は終戦直後の早い時期から帰国が開始され、下関に到着すると、他の朝鮮人帰国者と分離され、帰国するまで待機させられていたことがわかる。

下関については、元軍人の黄敬騎氏に聞取り調査をおこない、当時の様子について証言を得ている。その証言の一部を次に記しておく。

黄敬騎氏は現在九二歳で韓国ソウルに在住しており、一九四五年四月に茨城県谷貝村に農耕勤務隊として配属され、そこで敗戦を迎えた。[61]一九四五年八月三〇日に除隊式をおこない、賞与金二〇〇円を渡され、三一日、朝鮮人隊員全員で汽車により谷貝村を立ち、九月一日に下関に到着したという。その際に谷貝村から下関までは、日本人の多分下士官だと思うが、付き添い人がいたという。下関に到着し、国民学校へ連れて行かれ、そこで日本人下士官は帰った。その国民学校には他の部隊からの帰国者もおり、何百名というくらい多くの者がいたと思う。しかし、連絡船は出ておらず、自分たちで漁船を見つけて帰るしかなかった。下関には四〜五日くらいいたけれど食事には困らなかった。婦人会かどこかから炊き出しが出たので食べることには困らなかった。帰国は公式船ではなく自分たちでお金を払い漁船を借りて、どこからか「密航」で帰った。この頃は「密航」で帰国した者は大勢いた。混雑していて正規の船で帰国するのは難しかった。釜山港へ着くと、今度はその漁船に日本人の引揚者を乗せて、日本へ向かったと証言している。[62]

日本政府による、軍人・軍属を優先する帰国政策であってもなお、公式船によって帰ることができなかった者がいた。やはり正確な帰国者数はわからないといえる。

③「一般人」の帰国

一般の朝鮮人（ここでは、労働者や軍人・軍属を除く）の帰国については、日本政府は労働者や軍人・軍属を優先し、その後に帰国するよう政策を出した。だが、その計画どおりには進まず、一般の朝鮮人も「一路祖国へと下関、仙崎、博多方面に怒濤のようにおしよせていった。そして、便船をもとめ、あるいは機帆船をしたてて、われさきにと帰還していった[63]」。

また、博多では帰国を急ぐ者は多額の運賃を支払い、いわゆる「闇船」を利用して帰国する者が多くいたという[64]。そこで、このような状況に対して福岡県では、「一般帰還半島人ニ付テハ当分ノ間船舶航行禁止ニ因ル帰鮮不能事情ヲ説得シ全員出発地ニ向ケ引上方勧奨シタル結果大部分日散シ残留者僅少トナリタルヲ以テ残留中ノ要援護者ニ対シテハ外食券ノ交付宿所ノ斡旋ヲナス等援護対策ヲ講セリ[65]」。「一般帰鮮者ニ付テハ博多港周辺ニ来集セシ者ハ之ヲ一括収容シ二十五人ノ内一人ヲ班長トシ班編成ノ上余力アル座席ニ応ジ逐次帰還セシムルコトヽセリ[66]」といった措置を取っている。そして、②で既述したように、九月四日、一六人、六日、一九人、八日、三五五人の者を軍人・軍属や労働者たちと一緒に帰国させていた[67]。

他方下関では、八月二九日現在、一万人に達する帰国者が押し寄せていたという[68]。一般の帰国者は下関駅やその付近、漁港や碇泊中の船舶などに七、四〇〇人ほどおり、「一般引揚者少量ノ白米、大豆、ヲ携行シアル状況ニシテ時日ノ経過ト共ニ必然的ニ食糧不足ヲ来シ食糧取得ヲ繞ル混乱状態ヲ現出セントシツヽアリ[69]」というように、十分な食糧を持たない者が多くいたようである。そこで、山口県は内務省に、「滞留朝鮮人ノ増加ト併行シテ市内各所ニ食糧盗難事件頻発シアリ[70]」と報告し、当面の対応策としては、「参集者ノ食糧ニ対シテハ前記ノ通リ治安米及応急米ノ特別配給ヲ実施シ食糧不足ヨリスル不安感ヲ起サシメザルヤウ措置[71]」をおこなっていた。さらに、山口県は、多くの一般の帰国者が集まる状況に対して、次のような対策を実施していた。

> 管下防府放送局ヨリ二十四日ヨリ二十六日ノ三日間ニ亘リ一日三回帰鮮者ハ住所地ヲ出発セザルヤウ放送スルト共ニ同主旨ノ当局談ヲ発表新聞報道（記事）ニ依リ参集者ノ増加防止ニ努ム。鉄道当局ニ下関管理部一《ママ》ト緊密ナル連絡ヲ保持シ朝鮮向旅行者ニ対スル乗車船券ノ発売停止各駅ニ関釜連絡運航行ノ掲示其ノ他ニ依リ下関市ニ参集スル者ノ阻止ニ努メツツアリ。中国、九州、近畿各地方総監府ニ庁員ヲ出張セシメ帰渡鮮者ノ阻止ニ付管下各府県及関係鉄道、放送局ニ協力方連絡セラルルヤウ依頼ス[72]

しかしながら、混乱した朝鮮人の帰国を制限しようとする対策に乗り出しても、どれも効果は上らず、帰国を急ぐ朝鮮人は下関や仙崎をめざし集まってくるのであった。

④　残留者

帰国を急ぐ者がいる一方で、「内地在住永年ニ亘リ一定ノ土地ニ固着セル者等ハ内地ノ生活ニ馴レタルハ勿論家庭ノ事情等ヨリシテ内地ヲ離ルルコトヲ欲セズ[73]」と見られる者や、徐々に帰国者が増えてくる時期には、「これまでの生活実態や将来の生活設計、今後の朝鮮情勢の推移などを見据えつつ、即座に帰国にふみきれない人びともいた[74]」。

例えば、宮本正明によれば、「戦前来の日本「内地」在留の長期化に伴い生活基盤や家族（例えば配偶者が日本人で子どもも日本生まれといったケース）の面で、あるいは戦時期の在日朝鮮人統制組織（協和会・興生会など）への関与を通じて、日本社会との結びつきが深い人びと[75]」である。

ここにある「在日朝鮮人統制組織（協和会・興生会など）」とは、終戦直後、日本政府の指示により、朝鮮人の帰国を進める上で、大きな役割を果たした組織である。興生会についていえば、戦時下において在日朝鮮人を統合するために組織された協和会が、一九四四年一二月二二日に閣議決定され、「朝鮮人及台湾人同胞に対する処遇改善の件」により改組・改名された組織である。[76]

この他にも自ら帰国を希望しながらかなわなかった人たちがいる。ハンセン病患者である。彼らは、ハンセン病の罹患により故郷から遠ざかざるを得なくなり、残留を余儀なくされた。[77]

以上、朝鮮人の帰国者数は、先行研究とほぼ同数の約一四〇万人であることがわかった。次に、朝鮮総督府の対応、すなわち、朝鮮半島に帰国した朝鮮人労働者が、日本側の不十分な処遇に対して抗議したことから、朝鮮総督府が、何度も日本政府に朝鮮人労働者を解雇するにあたり、賃金を支払うよう電報を送っていた事実を確認することができた。しかし、日本政府がこれに答えた様子はなく、この件に関して、その後どのようになったのか確認できなかった。

労働者、軍人・軍属、「一般人」、それぞれの帰国の中で、これまでの先行研究ではほとんどふれられていなかった軍人・軍属の帰国についても確認した。そこでは、終戦後かなり早い時期から、軍は復員を進めていたことがわかった。

註

（1）前掲、森田芳夫『在日朝鮮人処遇の推移と現状』六七頁。
（2）同前。
（3）前掲、金英達『在日朝鮮人の歴史』一七六頁。
（4）同前の中で、金は終戦時の在日朝鮮人人口は、「一九四四年末の一般朝鮮人人口一九一万一四〇九名（樺太をのぞく）であり、一九四五年に入ってから空襲のため朝鮮への疎開多く、五月までの統計では内地への渡航者より帰還者の方が一万余多い、それ以後は連絡船もと絶えており、自然増加を考慮に入れて軍人数を加えて終戦時二百万前後であった」という。そこで前掲、森田『在日朝鮮人処遇の推移と現状』六九頁の数字を妥当としている。

(5) 前掲、『在日朝鮮人の歴史』四五頁。

(6) 「Transportation of the Koreans to be repatriated」.October 10,1945（竹前栄治監修『ＧＨＱへの日本政府対応文書総集成：外務省記録「連合軍司令部往信綴」一』東京エムティ出版、一九九四年）七二二頁。

(7) 若槻泰雄『戦後引揚の記録』時事通信社、一九九一年、五五頁。終戦連絡中央事務局とは「占領軍と日本政府との間の連絡機関として八月二六日設けられた外務省の外局」である。そこで、「終戦連絡中央事務局の管理部」を以下「終連管理部」と略す。

(8) 「在本邦朝鮮人現状」一九四六年一一月二〇日（『太平洋戦争終結による旧日本国籍人の保護引揚関係雑件』外務省記録、第一六回公開、二〇〇〇年）に収録（以下、『保護引揚関係雑件』と略称する）。

(9) 同前。

(10) 例えば、前掲、『在日朝鮮人処遇の推移と現状』六八頁。

(11) 『海外引揚関係史料集成（国内篇）』、第一巻『函館引揚援護局史』、第二巻『浦賀引揚援護局史（上）』、第三巻『浦賀引揚援護局史（下）』、第四巻『舞鶴地方引揚援護局史』、第八巻『仙崎引揚援護局史』、第九巻『博多引揚援護局史』、第一〇巻『佐世保引揚援護局史』、補遺第二巻『下関地方引揚援護局史』、ゆまに書房、二〇〇二年。

(12) 仙崎の場合をみると「一般人」と書かれているが、ここでは一般の朝鮮人、軍人・軍属、労働者も含めての数字とみて集計した。

(13) 「帰還朝鮮人輸送計画概要」（前掲、『保護引揚関係雑件』に収録）。

(14) 同前。

(15) 『日本国有鉄道百年史　第一〇巻』日本国有鉄道、一九七三年、九二三頁。

(16) 同前。

(17) 「戦争終結ニ伴フ工場、事業場従業者ノ応急措置ニ関スル件依命通牒（抄）」一九四五年八月二一日。

(18) 「朝鮮人集団移入労務者等ノ緊急措置ニ関スル件」（前掲、『保護引揚関係雑件』に収録）。

(19) 同前。

(20) 前掲、『在日朝鮮人処遇の推移と現状』五五頁。

(21) 「関釜並ニ博釜航路経由旅客輸送ノ件」（運業輸二第二〇号）（『非日本人輸送関係通牒綴』鳥取県厚生課、一九四五年に収録。以下、『鳥取県綴』と略す）。

(22) 金太基「「戦後」在日朝鮮人問題の起源―SCAPの対在日朝鮮人政策 一九四五年～一九五二年―」一橋大学博士論文、一九九六年、一〇〇頁。
(23) 森田芳夫『朝鮮終戦の記録』巌南堂書店、一九八六年、三〇九頁。
(24) 同前、一四八～一五〇頁。南朝鮮では、それまでの朝鮮総督府にかわり、朝鮮米軍政庁による直接統治となり、ホッジ中将率いる第二四軍団が南朝鮮に到着したのは、一九四五年九月八日である。八月二七日、朝鮮総督府は「終戦事務処理本部」を設け、総務・折衝・整理・保護の四部制を設置し、その中の「保護部」を朝鮮人の帰国の支援に当てたとある。
(25) 朝鮮総督府鉱工局長発、一九四五年八月二一日。
(26) 朝鮮総督府政務総監「電報譯文」一九四五年八月二七日。
(27) 朝鮮総督府政務総監「電文譯」一九四五年九月一日。
(28) 前掲、『朝鮮終戦の記録』三〇九頁。
(29)「在内地半島労務者並ニ戦災者ノ慰問」一九四五年九月一〇日。
(30) 金子定一全集刊行会編『東北太平記の梗概と原註・私註在鮮終戦日記抄』金子定一全集刊行会、一九五八年、一四〇頁。
(31) 樋口雄一「朝鮮人戦時労働動員者の帰国」(山田昭次・古庄正・樋口雄一『朝鮮人戦時労働動員』岩波書店、二〇〇五年)二五四～二五五頁。
(32)「半島人ノ動向概要報告ノ件」一九四五年九月一一日。
(33) 同前。
(34) 前掲、『朝鮮終戦の記録』一五〇～一五二頁。
(35) 前掲、「半島人ノ動向概要報告ノ件」。
(36) 同前、「帰鮮者調 昭和二〇年九月一〇日現在(博多港)」より。
(37)「下関市ニ於ケル皈鮮朝鮮人ノ滞留状況ニ関スル件」一九四五年八月三〇日。
(38) 同前。
(39) 同前。
(40) この海軍施設部(軍属)六〇〇名は、大分県のどこの海軍施設部所属だったのか確認することはできなかった。ただ、李鐘泌『私の見て来た大分県朝鮮民族五十年史』東九企画編、一九九二年、七九～八一頁の中では、軍需工場、軍事施設はいくつもあったという。例えば、佐伯航空隊基地、佐伯女島海軍施設、佐伯航空廠補給施設、津久見保戸島海軍防備隊など。

(41)前掲、「下関市ニ於ケル飯鮮朝鮮人ノ滞留状況ニ関スル件」。

(42)長澤秀「日曹天塩炭鉱と朝鮮人強制連行」（在日朝鮮人運動史研究会編『在日朝鮮人史研究』二四号、緑蔭書房、一九九四年）、六九頁。

(43)同前、七〇頁。

(44)前掲、「下関市ニ於ケル飯鮮朝鮮人ノ滞留状況ニ関スル件」。

(45)坪井豊吉『〈戦前・戦後〉在日同胞の動き＝在日韓国人（朝鮮）関係資料＝』自由生活社編、一九七七年、一〇頁。前掲、『在日朝鮮人処遇の推移と現状』五三～五四頁。「おとなしく引揚開始をまつことのできぬ除隊朝鮮人兵や解雇された労務者は、下関、仙崎、博多に殺到した。（中略）在鮮内地人をのせた船は、帰りにこれらの朝鮮人をのせた。それは、全く無軌道であった。連合軍の命により、八月二十五日午前零時を期して百トン以上の船が航行禁止となったが、その間、無数の機帆船が朝鮮海峡を往復し、年末ちかくまでつづいた。そのうち、機雷にあい、または海賊にあい、被害をうけたものが多かったが、引揚途中の最大の悲劇は、浮島丸の沈没であった」。

(46)樋口雄一『戦時下朝鮮の民衆と徴兵』総和社、二〇〇一年、三二八頁。

(47)塚﨑昌之「朝鮮人徴兵制度の実態―武器を与えられなかった「兵士」たち―」（『在日朝鮮人史研究』三四号、緑蔭書房、二〇〇四年）五三頁。朝鮮人の徴兵制について研究している塚﨑昌之はこの論文の中で、次のような軍人・軍属に関する資料や名簿について指摘をしている。「朝鮮人に対する徴兵制が実施された戦争最末期の資料が極端に少ない上に、残されている数少ない資料の中で最も貴重と思われる厚生労働省が持つ朝鮮人軍人・軍属に関する名簿が非公開にされているという資料的制約が第一の原因である。また、徴兵された朝鮮人「兵士」は在営期間が短く、直接戦場に出た者も少なかった。そのため、戦死・後遺症の残る怪我をした者も朝鮮人「志願兵」などと比べて比較的少なく、証言・記録も少ない」。なお、最近、新幹社より菊池英昭編著『旧日本軍朝鮮半島出身軍人・軍属死者名簿』（二〇一七年七月）が刊行された。

(48)前掲、『在日朝鮮人の歴史』四五頁。

(49)森田芳夫『数字が語る在日韓国・朝鮮人の歴史』明石書店、一九九六年、一七五頁。

(50)ちなみに、『援護五十年史』によれば、日本本土及び海外の陸海軍部隊（軍属も服む）に所属していた朝鮮半島出身者は、約二四万四千人とある（厚生省社会・援護局援護五十年史編纂委員会『援護五十年史』ぎょうせい、一九九七年、二三頁）。

(51)前掲、「関釜並ニ博釜航路経由旅客輸送ノ件」。

(52)「ＳＣＡＰＩＮ第二二四号「非日本人ノ日本ヨリノ帰還ニ関スル件」一九四五年一一月一日（前掲、『鳥取県綴』に収録）。

(53) 前掲、『在日朝鮮人処遇の推移と現状』五九頁。
(54) 引揚援護庁編刊『引揚援護の記録』引揚援護庁、一九五〇年、五六頁。
(55) 厚生省援護局編『引揚げと援護三十年の歩み』厚生省、一九七七年、七五頁。
(56) 「本土配備部隊行動概況表」部隊行動表（内地）、防衛庁防衛研究所図書館所蔵。朝鮮人の帰還に関する部分のみをまとめたものである。これは、まとめた内容の一部分である。
(57) 前掲、『博多引揚援護局史』収録、付録座談会記事。
(58) 前掲、「半島人ノ動向概要報告ノ件」。
(59) 前掲、「下関市ニ於ケル皈鮮朝鮮人ノ滞留状況ニ関スル件」。
(60) 同前。
(61) 「農耕勤務隊」とは、これまでの研究によれば「武器を与えられなかった兵士」という。ただし、「農耕勤務隊」についての研究は次にあげる三つだけで解明されていない部分も多い。例えば、帰国については、敗戦後、配属された部隊が解散となった後、彼らはどのような経路で朝鮮半島に帰国したのか、資料によって裏づけられてはいない。昭和二〇年八月一九日、静岡県特高課による「軍の動静其の他に関する件」（『国際検察局押収重要文書①敗戦時全国治安情報』第三巻、日本図書センター、一九九四年）という文書がある。この文書には、「二、管下駐屯の農耕隊に在りても逐次、解散を為しつつあるが、農耕隊は朝鮮人部隊なる為、解除と共に、其の取扱に相当困難を伴う、以て軍に於ては、統制し解除無き取扱いをなさる様取計い相成度」と記されているが、どのように帰還したのかについての記載はない。以下、三つの先行研究がある。塚﨑昌之「朝鮮人徴兵制度の実態―武器を与えられなかった「兵士」たち―」（『在日朝鮮人史研究』三四号、二〇〇四年）、金廣烈「一九四五年前半の日本陸軍農耕勤務隊と被動員韓人―長野県配置部隊を中心に―」（『韓日民族問題研究』九〇号、二〇一〇年）、雨宮剛『もう一つの強制連行　謎の農耕勤務隊―足元からの検証』（自費出版、二〇一二年）。
(62) 黄敬騂氏（ファン・ギョンチュン）についての聞取りは、秋岡あや・鈴木久美「元農耕勤務隊黄敬騂氏インタビュー」『在日朝鮮人史研究』四二号、二〇一二年、二一一～二四二頁にまとめてある。なお、仙崎港から八月三一日に公式船として興安丸が釜山に向けて出航している。だが、黄氏が下関に到着した時にはまだ公式船はなく、黄氏のまわりにいた者はみな漁船を借りて帰国していったと証言している。黄氏の記憶違いなのかどうか、この件について再検証することは難しい。ただし、資料によれば、八月三一日、興安丸は運航を開始したが、一日の輸送限度は二、三〇〇人程度であり、各府県にて朝鮮人は無統制に帰国しようとするために、下関市は益々混乱に陥り、全く収拾不能であると記されている。黄氏の証言とこの資料から推測すれば、下関に滞在していた黄氏には、たぶん帰国船の出港の情報がうまく伝達されなかったと考えるのが妥当だろう。

(63) 前掲、『〈戦前・戦後〉在日同胞の動き＝在日韓国人（朝鮮）関係資料＝』一〇頁。
(64) 前掲、「半島人ノ動向概要報告ノ件」。
(65) 同前。
(66) 同前。
(67) 同前。
(68) 前掲、「下関市ニ於ケル皈鮮朝鮮人ノ滞留状況ニ関スル件」。
(69) 粟屋憲太郎編『資料日本現代史　敗戦直後の政治と社会①』大月書店、一九八〇年、七二頁。
(70) 前掲、「下関市ニ於ケル皈鮮朝鮮人ノ滞留状況ニ関スル件」。
(71) 同前。
(72) 同前。
(73) 前掲、「半島人ノ動向概要報告ノ件」。
(74) 宮本正明「在日朝鮮人の「帰国」―一九四五～四六年中心として」（今泉裕美子・柳沢遊・木村健二編著『日本帝国崩壊期「引揚げ」の比較研究　国際関係と地域の視点から』日本経済評論社、二〇一六年、四八頁）。
(75) 同前。
(76) 樋口雄一『協和会―戦時朝鮮人統制組織の研究』社会評論社、一九八六年、三頁。
(77) 立教大学史学科山田ゼミナール編『生きぬいた証に―ハンセン病療養所多磨全生園朝鮮人・韓国人の記録』緑蔭書房、一九八九年。同書、七四頁、地方長官宛厚生省社会局長電報（一九四六年一月二九日受信）によると、朝鮮への帰国者の中に「癩《ママ》患者」がいたことにつき占領軍当局から注意があり、「伝染病患者」の「送還」をおこなわないよう留意を促していると記されている。

第二章　帰国援護体制の形成

一九四五年八月一五日の終戦直後から、朝鮮人の帰国（北緯三八度以南向け）が終了した一九四六年一二月二八日までの、日本政府およびＧＨＱの援護体制の形成過程を見ていく。とくに、帰国希望登録調査による計画輸送がおこなわれることになった理由は、朝鮮人をなるべく早期に、本国に送り帰すことから始まったという宮崎章の論や、森田芳夫による、「計画輸送」の不振の理由は、主に朝鮮半島の実情にあり、それは、食糧不足、住宅不足、持ち帰り金の制限などであったという。ここでは、具体的に朝鮮人はどのような理由により帰国を拒否していたのか探っていこう。

一　日本政府による援護体制

第一章の「一　帰国者数」、「二　終戦に伴う日本政府の政策と対応」の中でも述べたが、日本政府は一九四五年八月二一日の次官会議において、「強制移入朝鮮人等の徴用解除方針[1]」を決定し、関係省庁では朝鮮人の帰国について協議を重ねていた。翌二二日、運輸省では内地在住朝鮮人の「帰国輸送問題打合わせ会[2]」を開催し、朝鮮人の輸送について検討した。また同日、厚生省から地方長官宛に「集団移入朝鮮人及華人労務者ノ取扱ニツイテハ輸送其ノ他ノ実情ヲ勘案シツツ漸次帰還セシムルコト。本件ハ新聞発表ヲ行ヒ動揺ノ防止ヲ図ルコト」(3)の通達も出された。

九月一日、厚生省勤労・健民両局長、内務省管理・警保両局長から、「朝鮮人集団移入労務者等ノ緊急措置ニ関スル件」(警保局保発甲第三号)(4)が地方長官宛に通達された。内容は次のようである。ここでは労働者を優先的に帰国させること、帰国する者の手荷物は本人が持てる程度の量であること、そして、帰国する者の世話は興生会が中心となりおこなうことなどが記されている。

関釜連絡船ハ近ク運行ノ予定ニアリ朝鮮人集団移入労務者ハ次ノ如ク優先的ニ計画輸送ヲナス。尚石炭等ニ於ケル熟練労務者ニシテ在留希望者ハ在留ヲ許容スルコト但シ事業主ニ於テ強制的ニ勧奨セザルコト。運輸省ニ於テ決定ノ上関係府県、統制会、東亜交通公社ニ連絡ス

所持品ハ携行シ得ル手荷物程度トシ有家族者ノ家族モ同時ニ輸送ス

内地輸送中ノ弁当ニ付テハ考究中ナルモ可及的多量ニ携行セシメルコト

釜山迄ハ必ズ事業主側ヨリ引率者ヲ附シ釜山ニ於テ引渡ノコト

目下ノ処輸送能力僅少(一日平均千名以内)ナルヲ以テ輸送完了迄ニハ相当長期間ヲ要スル見込ニ付其ノ間動揺セシメザル様指導スルコト

帰鮮者ノ世話ハ地方興生会ヲシテ極力之ニ当ラシムト共ニ下関ノ宿泊施設ニハ中央興生会経営ノ移入労務者教養施設ヲ利用セシムル方針ナルコト(5)

九月一二日、鉄道総局業務局長から地方鉄道局長宛、「関釜並ニ博釜航路経由旅客輸送ノ件」(運業輸二第二〇

号）(6)が出され、下関と釜山、博多と釜山間の連絡船では、一般乗客の利用を停止し、朝鮮人軍人・軍属、集団移入労働者などの帰国を優先的におこなうことが記されていることは確認している(7)。

この通達には、他にも興生会の帰国業務に関して次のような記述がある。その内容は、帰国を希望する一般の朝鮮人は、居住している場所の地方興生会支会に、住所、氏名、行き先を提示し申し込むこと。地方興生会支会はその帰国希望者申し込みの人員を集計し、地方興生会に報告すること。地方興生会はこれを取りまとめ、毎月五日までに中央興生会と、関係地方鉄道局に報告すること。中央興生会はこれを厚生省に提出し、厚生省は運輸省に輸送の要請をおこなうこと。そして、運輸省はこの厚生省から提出された輸送の要請に基づいて、月間列車運輸計画と船舶運航計画を立て、各地方鉄道局と厚生省にその計画を送り、これを受けた各地方鉄道局は、地方興生会に報告し、報告を受けた地方興生会は乗車券や乗船券を購入する(8)。日本政府は、戦時期の在日朝鮮人統制組織である興生会を使い、帰国を進めようとしていた。

二〇日になると、次官会議により「引揚民事務所設置ニ関スル件(9)」が出された。そこでは、「大東亜戦争ノ終結ニ伴ヒ本州・四国・九州及北海道（以下内地ト称ス）以外ノ地域ヨリ内地ニ引揚ヲ為ス者及内地ヨリ朝鮮又ハ台湾ニ引揚ヲ為ス者ニ対スル応急保護ノ実施ニ当ラシムル為関係府県ニ引揚民事務所ヲ設置セシムルモノトス」(10)とある。これにより、引揚民事務所は、門司・下関その他必要な地に設置され、また、必要に応じて事務所の出張所を設けることとなった(11)。そして、内務省・外務省・厚生省・農林省・商工省・運輸省・地方総監府・朝鮮総督府・台湾総督府・樺太その他関係各庁および恩賜財団戦災援護会、財団法人中央興生会その他関係団体は、事務連絡のためその職員を事務所に派遣し、事務運営に積極的に協力するとある(12)。

九月に入り不十分ながらも、具体的な帰国の援護体制の形ができつつあった。それは、ＧＨＱによる指示決定した政策ではなく、日本政府が独自におこなったことであった。

二　ＧＨＱと日本政府の政策

朝鮮人の帰国政策は、一九四五年一〇月初め頃までは、日本政府が独自におこなっていた。その後、日本政府の外交機関停止とＧＨＱ総司令部の正式発足にともない、「引揚援護業務」もＧＨＱの管理下に置かれるようになる。そして一〇月一八日、ＧＨＱは「引揚」に関する中央責任庁として厚生省を指定した。[13] ＧＨＱはこの前後、引揚に関する指令・覚書を次々と出していく。ただし、この頃はまだ日本政府とＧＨＱの間で統一した政策を出していたわけではない。それではＧＨＱと日本政府の政策および二者間のやり取りについて見ていこう。

ＧＨＱより一〇月一二日、「金、銀、有価証券及金融上の諸証明の輸出入統制方に対する追加指令に関する総司令部覚書」（ＳＣＡＰＩＮ・一二七）[14] が出された。ここでは、朝鮮に帰国する朝鮮人及び中国に帰国する中国人に対して、一人につき一、〇〇〇円を超えない範囲において円通貨の携行を許可すると規定された。[15] だが、この指令にある「一人につき一、〇〇〇円を越えない範囲」の持ち帰り金については、これが出される以前に、日本政府とＧＨＱの間で次のようなやり取りがあった。

それは、一〇月一〇日付「終戦連絡各省委員会議事録」の中で大蔵省は、「在外邦人引揚ノ場合ノ持参金、一般人千円、将校五百円、其他ノ兵二百円、尚超過額ハ米側ニ於テ関係銀行へ保管スル様ニシタシト、我方ヨリ申入中ナリ。朝鮮人ガ帰鮮スル場合ハ二千円ヲ限度トス」[16] としている。しかし、一〇月一一日付「終戦連絡各省委員会議事録」では、「昨日連絡セシ外地引揚人ノ持参金ノ交渉ニ付テハ目下ノ所交渉成立セズ。司令部側デハ超過金ニ対シテハ連盟デ取上ゲ司令部ガ没収スルトノ事ナルモ尚交渉中ナリ。華人・朝鮮人ガ日本側ヨリ引揚ノ場合ノ持参金二千円ヲ限度トスル件モ認メナイ」[17] とある。この中で、当初、日本政府は帰国する朝鮮人の持ち帰り金を「二、〇〇〇円」と設定し（二、〇〇〇円とした根拠についてはわからない）、GHQ側と交渉をしていたのであった。だが、GHQはそれを認めず、前述の一、〇〇〇円としたのである。こうして決定されたこの持ち帰り金「一、〇〇〇円」については、このあと朝鮮人の帰国が終了となる一九四六年一二月二八日まで継続される。

日本政府は、一〇月一〇日、「帰還朝鮮人輸送計画概要」を通達し、海上輸送は一〇隻の船を使い、一日平均七、一〇〇人を輸送する。[18] 陸上輸送は、この海上輸送に即対応できるように計画し、一〇月一九日より実施する計画を発表した。[19] 臨時列車についての内容は次のように記されている。

臨時列車ノ設定
左ノ区間ニ臨時列車ヲ設定シ毎日運転ス
青森、下関間　北海道、北陸地区在住者ノ輸送ニ充ツ
東京、博多間　東北関東地区在住者ノ輸送ニ充ツ
名古屋、博多間　中部、近畿地区在住者ノ輸送ニ充ツ
北海道、中国、九州地区ノ分ハ必要ニ応ジ臨時運転ヲ為
其ノ他ハ一般定期列車ヲ利用シ増結客車又ハ編成車両ヲ専用セシム
本計画実施以前ニ在リテハ船ノ運航不確実ナルト山陽、山陰線ノ不通等ニヨリ計画輸送ハ不可能ナリシナリ
輸送期間（推定）
前述セル所ヨリ其ノ所要数概ネ一六〇日ナルヲ以テ大体、昭和二十一年三月頃完了スルモノト推定サレル[20]

一〇月一六日には、日本政府は一般の朝鮮人の援護について次のような案を立てていた。それは、九月一二日に

出された、「関釜並ニ博釜航路経由旅客輸送ノ件」に、次の事項を加えたものである。

内地既住一般朝鮮人帰鮮取扱要項　案
出発地地方庁ハ帰鮮者ノ代表者ニ対シ救急医薬品ヤ繃帯等ヲ給与スルト共ニ必要ナル携行ナル携行品中ニハ成ル可ク簡単ナ炊事道具、食器、雨具、防寒具、水筒等ヲ準備セシムルモノトス
帰鮮者ノ代表者ハ地方興生会ノ協力ニ依リ出発指定駅所在地以外ノ地ニ居住スル帰鮮者ニ対シ出発当日出発駅ニ遅滞ナリ《ママ》参集スル様充分手配スルモノトス㉑

そして、一〇月二二日、日本政府は「内地既住一般朝鮮人帰鮮ニ関スル件㉒」を出した。これは、一六日に立てた案を正式に通達したものと推測する。ところが、同じ一〇月二二日に、厚生省は各地方長官（除沖縄樺太庁長官㉓）宛に次のような電報を送っている。

朝鮮人ノ帰鮮ニ付テハ計画輸送ニ依リ制限統制ヲ実施シ来リタルモ依然関門方面ヘノ殺到ヲ阻止シ得ザルニ付更ニ統制ヲ強化スル為運輸省ト協議ノ上本月二十五日ヨリ計画輸送該当者ニ対シ其ノ都度各個人別ニ「計画輸送証明書」ヲ所持セシムルコトトシ右ヲ有セザル者ハ絶対ニ乗船セシメザル如ク取計フコトト為リタルニ付右御含ミノ上左記ニ依リ証明書交付方並ニ本措置至急管内ニ周知方可然御手配相成度
一．証明書ハ集団移入労務者ニ付テハ事業主、一般既住朝鮮人ニ付テハ地方興生会ヲシテ発行セシムルコト
二．証明書ノ様式ハ地方庁ニ於テ適宜定メ該当者名、乗車月日、計画輸送該当者タルコトヲ証スル旨ヲ記載シ発行者ノ印並ニ取扱者ノ認印ヲ捺印スルコト㉔

ここでは、それまで帰国を希望する朝鮮人は班毎に行動させていたのに対して、個人単位で地方興生会より「計画輸送証明書」を発行してもらうよう記されている。[25]その上、「計画輸送証明書」を所持していない者は絶対に乗船できないといったように、これまでにない厳しい内容のものである。[26]その理由として考えられることは、国内の混乱した鉄道輸送であった。

鉄道による輸送は、朝鮮人の輸送の他にも、一九四五年八月の終戦時に海外諸地域に散在していた約六六〇万人の日本人の復員・引揚げや連合軍の進駐輸送などもあり、客車不足から貨車も使用された。[27]当時の長距離列車の混雑は深刻であった。そのため、GHQから日本政府には次の覚書が出されている。

一〇月一五日の「引揚朝鮮人抑制」（SCAPIN・一三九）[28]である。この頃、送出港に殺到する帰国者が増え続け、GHQはそれを抑制するために日本政府に早急な対応を求めていた。しかし、日本政府は殺到する帰国者を抑えることはできず、GHQは再び三〇日に、「在日朝鮮人の引揚」（SCAPIN・二一三）[29]を出した。この覚書の中でも、GHQは日本政府に対して、朝鮮人の下関、福岡、仙崎、その他九州及び南本州地域へ殺到することについて抑制を求めている。[30]その上、居住している場所に留めるための対策を取るよう記している。[31]

GHQは一一月一日に、「非日本人の日本よりの帰還に関する件」（SCAPIN・二二四）[32]を出した。これは、GHQが初めて帰国に関する具体的な政策を日本政府に指令した覚書であった。

内容をまとめると次の通りである。㈠日本にいるすべての朝鮮人・台湾人・琉球人を日本政府の負担により本国に帰国させよ。㈡送出港における引揚民事務所の混雑を防止するため、新聞・ラジオ等も利用せよ。㈢帰国についての計画は遅滞なく実施すべし。㈣仙崎は朝鮮人の出発を主とすること。㈤博多は朝鮮人及び北支居住の中国人の出発を主とすること。㈥輸送順は復員軍人、「集団移入労務者」、その他の朝鮮人とすること。㈦帰国を望む朝鮮人に対しては本計画書に基き、移動の指示あるまで現住所に居住させ統制すべし。㈧「北部本州に在る支那人及朝鮮人炭坑労務者の帰国には特に優先順位を認むへし。彼等は遅くとも一九四五年一一月一四日より開始して一日千人の割合をもって送還せらるへし[33]」とある。

この覚書を見ると、九月一日に出された通牒と異なる点は、職業別帰国優先順位の原則が崩れ、東北地方の炭鉱労働者を最優先と決めたことである。ついでにいえば、一一月一七日、「非日本人の引揚」（ＳＣＡＰＩＮ・二九五[34]）が出された。これは、一一月一日の覚書の一部修正というかたちであった。修正の内容は、北部本州及び北海道にいる中国人及び朝鮮人炭鉱労働者は、おそくとも一一月二四日から帰国することと記してある[35]。

こうした帰国の優先順位が大幅に変更された理由は、第一章の二でも述べたように、バラード大佐一行や、ほかの「占領軍」要員が北海道や福島県常磐炭鉱の労働者の抗議行動を視察した結果、「中国人・朝鮮人の蜂起や立ち上がりを米占領軍が治安上憂慮した」からであった[36]。一七日の指令の中にはこの他にも、朝鮮人の帰国する港には、仙崎・博多・佐世保・舞鶴・函館などが利用されると記されている[37]。

なお、厚生省は一一月一三日付で、各府県宛に「炭鉱在住朝鮮人華人労務者の輸送に関する件」を出し、炭鉱労働者を優先して帰国させる方針に変更したと伝えている[38]。

日付は前後するが、この前日の一二日には、炭鉱労働者を帰国させることに決定したことを受けてのことか、内務省より、大阪府・山口県・福岡県知事宛に、関門地区が混雑するため計画的な移動をさせることと、「治安は益々憂慮すべき状況なり[39]」との連絡があった。

その一方で、朝鮮人や中国人炭鉱労働者を帰国させたことは、日本国内の鉄道輸送業務にあたる国鉄職員に深刻な影響を与えていた。例えば、「炭鉱は極端な人手不足に陥り、出炭量も急激な落ち込みをみせた。動力用の石炭を確保すべく国鉄は全国各地の炭鉱に応援隊を送りこんだ[40]」。そのために北海道夕張炭鉱では、応援に駆り出された職員が「石炭を積んだトロッコ車に触れ死亡した」[41]事故も報告されている。

一一月一三日になると、日本政府より、「計画輸送ニ依ル帰鮮証明書交付ノ件伺」[42]が出された。ここでは、次に記したように、一一月一五日の中央興生会の解散[43]に伴い、一一月一三日から計画輸送証明書は地方興生会に代わり、各地方知事の下で発行することになったという。[44]また、厚生次官は、同様の内容を各県宛に電報で通知した。

> 内地在住朝鮮人ノ帰鮮ニ際シテハ従来地方興生会ヨリ帰鮮証明書ヲ交付計画輸送ニ依リ帰鮮セシメタル所今回中央興生会、解散ニ伴ヒ地方興生会モ改変スルコトト相成リタル為本月十三日〇時以降ニ於テハ県ニ於テ交付セラ度旨厚生次官ヨリ通牒有（後略[45]）

さらに、翌一四日、厚生次官は福岡県・山口県の両知事宛に次の電報も送っている。

> 電請ニ基キ朝鮮人ノ計画輸送ハ運輸省ト協議ノ結果十三日以降中止セリ。尚曩ニ電報ノ計画輸送証明制度実施ニ伴ヒ既ニ滞留セル者ノ乗船ハ已ムヲ得ザルニ付速ニ（成ルベク十七日現在マデ）登録制ヲ実施シ右実施以降証明書ヲ所持セズシテ到着セル者ハ絶対ニ乗船セシメザル取扱ヲ堅持相成度尚右登録制実施ノ結果ハ速ニ報告相成度[46]

このように、中央興生会の解散により、朝鮮人の帰国輸送証明書を直接発行するのは各都道府県知事となった。これは、各地方による「計画輸送」が開始されたこととも符合する。

三　「厚生省地方引揚援護局」の設置と帰国援護事業の展開

「二　GHQと日本政府の政策」の中でも述べたが、引揚げに関する中央責任官庁となった厚生省は、一〇月二七日、厚生省健民局を社会局と改称した。[47] 社会局は、保護課、福利課、住宅課の三課から構成され、その中の福利課が在日外国人の帰国援護業務を担当した。[48] 一一月二二日には、この社会局の中に新たに引揚援護課が設置された。[49] こうして日本政府は、一九四五年一一月二四日、「地方引揚援護局官制」を公布し、浦賀、舞鶴、呉、下関、博多、佐世保、鹿児島の七局と横浜、仙崎、門司の三出張所を設置した[50]（これを受け、山口県引揚民事務所は閉鎖）。これにより、例えば、博多地方引揚援護局や仙崎出張所では、業務部の中にある送出課を、朝鮮人の帰国援護を扱う課とした。そこでは、帰国者に対して帰国の斡旋、給食や宿泊の供給、送出事務等がおこなわれることとなった。[51] その後、日本政府は一九四六年三月一三日、勅令第一三〇号により厚生省の外局として「引揚援護院」を置き、これまでの引揚機構の統括を図っていく。[52]

それでは、地方引揚援護局が設置された後、日本政府およびGHQからどのような政策が出されたのだろうか。一九四五年一二月二八日、日本政府より「内地居住朝鮮人及台湾人帰還取扱ニ関スル件」[53] が出された。ここでは次のように、はじめて日本政府は帰国する朝鮮人の運賃を無料と発表した。

　本計画輸送ニ依ル帰還者ノ船賃及内国鉄道運賃ハ総テ無料トス
　帰還者ニ対シテハ本人出発ノ際地方庁ニ於テ旅程ニ応ジ相当日数分ノ食糧（外食券、乾パン類、米穀類）、乳幼児用食品、塩干魚、調味料其ノ他ヲ携行セシムル如ク取計ヒ乗船地到着後ニ於ケル食糧ニ付テハ地方引揚援

護局ニ於テ無料給付スルモノトス
内地旅行中ニ於ケル応急援護ハ通過地方庁ニ於テ之ヲ行ヒ乗船地ニ於ケル援護ハ地方引揚援護局ニ於テナスモノトス[54]

日本政府が帰国する朝鮮人の運賃を無料とした背景には、一二月九日、ＧＨＱより出された「帰還者に対する給与、輸送、施設の件」（ＳＣＡＰＩＮ・四一〇）[55]がある。この中で、ＧＨＱは日本政府に対して、中国人・朝鮮人等の帰国にあたり、かかった交通費は日本政府が負担するよう指令していたのである。[56]さらに、ＧＨＱから一九四六年一月三一日、「朝鮮人支払いの鉄道運賃払戻」（ＳＣＡＰＩＮ・六八五）[57]の覚書が出された。これは日本政府が出した一二月二八日の「内地居住朝鮮人及台湾人帰還取扱ニ関スル件」を受けたものであった。ＧＨＱの覚書は、帰国する朝鮮人の運賃は一九四五年一〇月一五日までさかのぼって無料とすること、朝鮮人の帰国者が負担した運賃の返済は、個人に対してのみおこなうこと、朝鮮人労働者の輸送についての雇用者への返済は、日本政府と関係のある雇用者との協定によることなどを日本政府に通告したものであった。[58]日本政府とＧＨＱのような運賃のやり取りについて終連管理部から出された執務報告書は、次のように記している。

帰国に興《ママ》する諸経費は昨年送還開始当初は之を徴収し居りたるも（実際は雇用主に於て負担せるもの多し）後日本政府に於て負担することに改められ（十二月九日附指令）且鉄道運賃については之を十月十五日に遡及して実施し払戻をなす場合には正当なる代理権を有することを証明し得る機関なき限り全て個人々々に対してなさるべく又雇用主に於て立替払せる場合には日本政府と雇用主との間にて決定すべきものと定められたり（一月三十一日指令）

然るに実際問題として既に帰国せる者に対し払戻をなすの方法なく又正当なる代理権を有する機関も存せざりし為正当なる請求ありたる際にのみ実施するの他なき状態にして未だ実施せるものなし又雇用主との間の決算は個々に解決することとなれり[59]

一二月三〇日になると、GHQより「朝鮮人送還の停止」（SCAPIN・五一八）[60]が出された。ここでは、日本政府に朝鮮向けの送還船の運航を停止するため、地方引揚援護局に朝鮮人送還者の入所を停止させるよう指令している。[61]この指令を受けた終連管理部は次のような「鮮人送出停止ノ件」（大至急）[62]を出している。

鮮人送還用船舶ノ朝鮮向航行ハ十二月三十日以降追テ指示スル迄一切停止セラレ各地ノ米軍出先ハ出航前ノ朝鮮向船舶ヨリ鮮人ヲ積卸スヘク命セラレタリ送出港ニ於ケル混雑発生ヲ防止スル為日本政府ハ即刻左ノ措置ヲ講スヘシ

一、鮮人輸送特別列車ノ取消
二、普通列車ニ連絡シアル鮮人用特別車輌ノ取消
三、帰国希望鮮人ニ関スル切符発売停止
四、送出港ニ混雑生スル場合ニハ警察及鉄道ニテ鮮人ヲ他ニ撤去セシムヘキ準備[63]

この時期に、朝鮮人の帰国を停止した背景には、各地方引揚援護局や送出港での混乱があったと考える。しかし、それは日本だけではなく、朝鮮半島においても帰国停止に至る問題はあった。[64]例えば、朝鮮半島南部の大都市では、日本・中国・満州から帰国者が帰ってくることで深刻な住宅不足が進行していた。[65]

一九四六年一月三日になるとＧＨＱより、「朝鮮人送還停止の解除」（ＳＣＡＰＩＮ・五四四）[66]が出された。これにより、「鮮人送還再開ノ件」（終連管理部、一月四日付）が各地方事務局長宛に通達され、朝鮮半島向けの輸送は再開された。[67]

二月九日、ＧＨＱより出された「朝鮮人の送還」（ＳＣＡＰＩＮ・七二六）[68]の覚書は、帰国者を朝鮮半島の目的地別に乗船させることを指令したものであった。具体的には、慶尚北道、慶尚南道、忠清北道に帰国する者は、仙崎、博多、函館、舞鶴から乗船し、釜山で下船すること。全羅北道、全羅南道、京畿道、江原道、忠清南道に帰国する者は、佐世保から乗船し、群山又は木浦又は仁川で下船すること。その他の引揚港として唐津も記されている。また、実行可能な限り全羅北道、全羅南道及び忠清南道向けの帰国者は、木浦又は群山向け船舶に乗船させるよう措置すべし[69]とある。

四　ＧＨＱの指令による帰国希望登録調査と「計画輸送」

①　帰国希望登録調査の開始

ＧＨＱにより、二月一七日、「朝鮮人・中国人・琉球人および台湾人の登録」（ＳＣＡＰＩＮ・七四六）[70]の覚書が出された。この内容の一部は、次に記したとおりである。ここでは、三月一八日までに帰国希望の有無を登録すること。登録をしない者や、帰国を希望しないと登録した者は、日本政府の費用による帰国の特権を失うとある。[71]

一、日本帝国政府ハ昭和二十一年三月十八日迄ニ日本在住ノ全朝鮮人及台湾人ノ登録ヲ行ウベシ

二、登録ニハ左記ヲ含ム

(イ) 氏名 (ロ) 年齢 (ハ) 性別 (ニ) 本国ニ於ケル住所 (ホ) 日本ニ於ケル住所

(ヘ) 職業 (ト) 帰還希望ノ有無 (チ) 帰還希望者ノ場合ハ本国ニ於ケル帰還目的地

三、帰還ヲ欲セズト登録セル者ハ帰還ノ権利ヲ喪失スルモノトス

四、登録通知ヲ受ケタル個人ニシテ指定期日又ハ其以前ニ登録ヲ怠リタル者ハ帰還ノ希望ナキモノト見做シ帰還ノ権利ヲ喪失スルモノトス[72]

これにより朝鮮人の帰国は帰国希望登録による「計画輸送」となった。このような計画輸送がおこなわれることになった理由は、朝鮮人をなるべく早期に本国に送り帰すことにあった。そのため、次に挙げる具体的な対策が必要であるとされた。[73]（一）一九四五年一一月一日の「非日本人の日本よりの帰還に関する件」（ＳＣＡＰＩＮ・二二四）の指令の具体化。（二）過剰人口を減少させることによって極度の不足に悩む日本の食糧事情の緩和に役立たせること。（三）戦勝国人として日本の警察権力に従わない中国人・朝鮮人を治安対策として送還してしまうこと。[74] また、ＧＨＱが出したこの覚書の背後には、日本政府からの積極的な働きかけが大きく作用していたという。[75] その根拠は、次のように、一九四六年四月一五日付、終連政治部が出した、「執務報告（第二号）」の中に記されている。[76]

不良分子ハ強制送還ヲ為スコト、不良団体ハ強制解散ヲ命ズルコト、之等ニ対スル我方ノ刑事司法権ヲ確立スルコト、集団暴行列車不正乗車等不法行為ハ断乎トシテ之ヲ取締ルコト、残留希望者ニ対シテハ事情ノ如何ヲ問ハズ日本人ト同一ノ待遇ヲ強行スルコト等一連ノ措置ヲ決シ此ノ線ニ沿ヒ逐次総司令部ニ対シ所要ノ要請ヲ

為シ来リタル(77)

また、兵庫県武庫川地方事務所長から各町村長宛に出された、一九四六年三月一二日付、「朝鮮人、中華民国人、本島人及本籍ヲ北緯三十度以南（ロノ島ヲ含ム）ノ鹿児島県又ハ沖縄県ニ有スル者ノ登録令ニ関スル件」(78)には、次のように記されている。

> 本登録ハ連合国軍総司令部ノ好意的指令ニ基キ実施スルモノニシテ本登録完全ナル実施ニ依リテ日本内地ニ於ケル食糧配給治安確保等ノ上ニ及ボス影響極メテ大ナルベク本登録ヨリ皈還希望ヲ表明セル者ニ対スル便宜供与ハ鉄道等関係方面ト密接ニ連絡シ積極的ニ之ヲ実施スベキコト(79)

この資料によれば、ＧＨＱは日本国内の食糧事情や治安維持について深刻な問題として受け止めていたことから、日本政府の要請に応えたのであった。

さらに、この資料には次のような記述もある。（一）帰国を希望する者に与える特典。この登録により帰国を希望した者には、日本政府のおこなう裁判に対してＧＨＱより再審の機会を与える。帰国する際は列車を指定し運賃を無料とする。乗船地では食糧を配給する。所持品は手に持てる範囲内とする。（二）登録調査員。登録調査員は申告票を収集する際に、帰国を希望する者には、乗船八日前までに種痘を受けさせること。そして、最寄りの医師から種痘証明書を交付してもらうこと。登録調査員は申告票を書く能力がない者には、口頭で登録令の事項を説明し、代わりに作成すること。登録の結果は、市区又は郡毎に指定された統計表を作成し、三月二五日までに県に報告すること、とある。(80)そこで、この中に記されてある（一）の「日本政府の行う裁判に対してＧＨＱより再審の機会を与える」ことについて見てみると、次のようなことがわかった。この特典は、二月一九日にGHQより出された「刑事裁判権の行使」(SCAPIN・七五六)[81]と「朝鮮人およびその他の国人に言い渡された判決の再審理」(SCAPIN・七五七)[82]によるものであった。内容については、「刑事裁判権の行使」(SCAPIN・七五六)は、連合国人、連合国機関、連合国法人に対して日本の刑事裁判権を否定したもの。[83]「朝鮮人およびその他の国人に言い渡された判決の再審理」(SCAPIN・七五七)は、帰国希望登録をした者には連合国による再審をすることを許可したものである。[84]つまり、日本に残留する朝鮮人は、日本の刑事裁判権に服すことを示しており、[85]日本政府はできるだけ多くの朝鮮人を帰国させる方向で政策を進めていた。

一九四六年三月一三日になると、厚生・内務・司法省令第一号「朝鮮人、中華民国人、本島人及本籍ヲ北緯三十度以南(ロノ島ヲ含ム)ノ鹿児島県又ハ沖縄県ニ有スル者ノ登録令ニ関スル件」(以下、登録令とする)が出された。[86]同日の『朝日新聞』にも、「帰還登録」との見出し記事により、登録の「事項」・「手続き」・「注意」といった三項目が掲載された。[87]登録令の内容の一部をみると、「登録対象者」となる第二条の項目がある。そこには、「登録は昭和二一年三月一八日午前零時の現在に依り同時期に於て内地(特別の事情ある地域にして厚生大臣の指定する者を除く。以下同じ)に現在する者に行う」[88]とある。

登録令の「登録の項目」には、一、氏名、二、年齢、三、男女の別、四、本籍地、五、住所、六、職業、七、帰国希望の有無、八、帰国を希望する時はその目的地、といった八項目があげられている。そして、この登録令には罰則が定められていた。登録令の第八条を見ると、「左の各号の一に該当する者は六か月以下の懲役若は禁錮又は一、〇〇〇円以下の罰金に処す。一、第四条の規定に違反し申告を為さず又は虚偽の申請を為したる者 二、四条の規定に依る申告を妨げたる者 三、登録調査員の事務執行を妨げたる者」[89]。このような罰則を設けた背景について鄭栄桓は次のように指摘している。「日本政府としてはこの登録に罰則を設け、違反者の逮捕・起訴・裁判を任せてほしいと主張したのである。特に中華民国国民は連合国民であり、その取締権限を早急に決定する必要があった。ＧＨＱのカーペンター法務局長はそれを基本的に受け入れている」[90]という。

②　帰国希望登録調査の開始―兵庫県Ｋ村を事例として

以上の帰国希望登調査を実際に実施した現場では、どのような計画を立てておこなったのだろうか。その実施過程を兵庫県Ｋ村を例にあげて見てみよう。

『昭和二〇年九月　昭和二〇年人口調査に関する綴　Ｋ村役場』所収の資料には、三月一二日に武庫川地方事務所長より各町村長宛に送られた、「朝鮮人中華民国人、本島人及本籍ヲ北緯三十度以南（ロノ島ヲ含ム）ノ鹿児島県又ハ沖縄県ニ有スル者ノ登録令ニ関スル件」という通牒がある。[91]この通牒を見ると、二月一七日にＧＨＱより出された覚書、「朝鮮人・中国人・琉球人および台湾人の登録」（ＳＣＡＰＩＮ・七四六）と、登録実施要項の一部も記載されている。そこで、登録実施要項の文書を見ると、その余白にはメモ書きで次のような計画が記されていた。

三月一三日の登録令が出された翌日の三月一四日は、「調査員及その範囲の者」[92]に登録調査を告示する。翌一五日には予備調査を行い、「一八日午前零時現在本調査」[93]をおこなう。一九日には、午前一〇時に役場において模擬開票を実施する。そこで集計された準備調査票と申告票などを市町村は、三月二〇日までに当事務所（武庫川地方事務所のことだろうと思われる）まで提出すること。作成した申告票と準備調査票は、役場に保管すること。集計表（準備調査票と申告票をもとにして作成された表であると思われる）だけを武庫川地方事務所に提出すること。調査員については、その員数に制限はなしとある。[94]

Ｋ村がこの計画を立てたことは、この資料の内容の部分に「登録調査の集計結果の報告日」[95]が記されていたことによる。それは、市区又は郡毎に集計表を作成し、三月二五日までに県に報告することとある。Ｋ村では、この

「三月二五日」の報告日を基にして計画を立て、登録調査要項に記載されていた「三月三一日までに全国で実施した登録調査を集計する」[96]想定をしていたと考えられる。

このような計画を立てたK村では、実際に登録調査は計画通りにおこなわれたのだろうか。もしもこの計画通りに実施されたとすれば、帰国希望登録調査は、調査から集計までに、約二週間でおこなわれたということになる。

もう一度、先にあげたK村役場の資料を見てみよう。一九四六年三月二〇日、K村村長から武庫川地方事務所所長宛に、帰国希望登録調査の報告書が送られていたことが確認できる。[97]ここから、メモ書きにあった帰国希望登録調査の計画は、予定通りに実施されていたことがわかる。ちなみに、この提出された帰国希望登録調査の報告書の内容には、K村在住朝鮮人数は一、六八八名、帰国希望者数は一、六五八名、とあり、ほとんどの者が帰国を希望していたことになる。[98]

③　帰国希望登録調査と在日本朝鮮人連盟

K村では約二週間という間に、帰国希望登録調査を実施したことは確認した。もちろん、各地域の朝鮮人人口によって実施期間には差があったと考えられるが、厚生省は登録実施要項を全国に通知していただろうし、三月一三日に登録令は告示されていたことを考えれば、他の地域でもK村同様に、厚生省が指定した期間内に、登録調査はおこなわれたと考えられる。

一九四六年三月一二日付で宛先は記されていないが、終連中央事務局（以下、終連と略す）が作成したと思われる文書がある[99]（以下、終連中央文書とする）。この終連中央文書を見ると、終連側（主に厚生省か）が在日本朝鮮人連盟（以下、朝連と略す）側に、帰国希望登録調査を実施する際に、「協力」を要請していたことが記されている。[100]

この文書の内容を見ていくと、終連側から「協力」の要請を受けた朝連本部側が、全国の朝連の都府県本部長に次のような指令を出していたことも記されている。それは、㈠組織に命じてこの調査に努力すること。㈡更に各県の朝連本部では、この人口調査表と帰国を希望するかどうか又希望者はその時期と条件、それに証券とか貯金、物品、工場設備、不動産等の財産を今月の末日迄に必ず朝連中央総本部の地方部迄報告すること。(101) この二つの内容が事実だとすれば、朝連は組織をあげて帰国希望登録調査を実施しようとしていたことになる。

この他にも朝連本部は全国の朝連都府県本部長に、「帰国に際して其の所持金、家財道具、財産等に関する問題は現在関係当局と打合せ中であるから、今度の調査は絶対に正確にまた迅速にすること(102)」という指示を出していた。また、朝連本部は朝鮮人に帰国希望登録調査を実施するにあたり、自らが出した指令の内容を、ラジオを使って「此の放送をきいた朝鮮の方は、朝鮮人の知り合いの方に知らせてください。尚、連合国軍総司令部マクドナルド中佐は急いで帰国する人には税金、特に財産税については考慮する。又既に服役中の者でも再審の便宜を与える。帰国の費用は日本政府が負担する等の便宜を図る(103)」といった内容の放送もしていたようである。ただし、ここにある実際に帰国する者の税金や財産税が考慮されたという例は、確認することはできない。

輸送についても朝連本部は、「今度、近く実施される中国人・朝鮮人の計画輸送に際し、交通機関が混雑するものと予想し、かつ各地方の本部及支部に対して尚一層朝鮮人の指導取締りを強化徹底するよう指令しました(104)」とあり、この指示を受けた朝連の各地方本部と支部は、管内の各駅に人員を派遣し、「朝鮮人の不法行為の事前防止及び不法行為者に対する取締指導、無用の摩擦の防止等に努め、一般朝鮮人の自重を促す(105)」こともした。

以上に見てきたように、日本政府が帰国希望登録調査を実施する際に、朝鮮人団体である朝連も終戦直後の帰国をすすめていく時と同様に「活動」していた。これを日本政府による朝鮮人団体の「利用」と見るべきかどうかは、その後の日本政府とＧＨＱによる朝鮮人団体の排除から明らかであろう。いずれにしても帰国希望登録調査の実施と、その後の「計画輸送」を行う際にも朝連の「活動」は続いていた。

それでは、こうした朝連の「活動」についてGHQはどのように見ていたのだろうか。例えば、終連事務局の地方事務局の中の一つである、終連久留米事務局長は、計画輸送が開始された後に、九州地方行政事務局長宛に、一九四六年五月三〇日付、「朝鮮人送還計画に関する件」[106]を出している。この中で、「連合軍司令部は今回の送還計画に朝鮮人団体の介入を認めない旨明言して居る」[107]とある。この通牒には、「府県が朝鮮人連盟等を協力させることは差支えないが、実行の主体及責任は飽く迄府県庁にある」[108]というように、表向きは日本政府（主に厚生省）主導のもとで、各地の都道府県が帰国希望登録調査や計画輸送をおこなっていたが、実施する側には朝鮮人団体も含まれていたのである。

三月一六日になると、GHQは「引揚に関する基本指令」（SCAPIN・八二二）[109]を出した。この覚書により、日本人の引揚げと非日本人の帰国が一本化され、以後、講和条約締結まで帰国業務の基本となった。[110]その中の「本覚書附属第一の七」には、「其の本国に既に帰還せる非日本人は連合軍最高司令官の許可無き限り、商業交通が可能となる迄日本への帰還は許可せられざるべし」[111]とある。これにより、朝鮮人の日本への再入国は禁止されることとなった。

四月九日、「中国、台湾人、朝鮮人の送還」（SCAPIN・八七二）[112]に関する覚書が出された。GHQはこの中で日本政府に対して、帰国希望登録をした朝鮮人の帰国は、四月一五日から開始し、九月三〇日には完了せよと指令している。[113]そして、一日の平均乗船能力は、仙崎が一、〇〇〇人、博多は三、〇〇〇人とある。[114]これを受けた日本政府は、四月五日、一五日、二五日、の三回にわたり、同件名の「非日本人ノ送還ニ関スル件」（引揚援護院次長より各地方長官宛）[115]を出している。

まず、四月五日に出した、引揚援護院次長の通達の内容は次のようである。ここでは、各地方が中心となり市町村別の輸送計画を立てるよう指示したものであった。

送還計画ノ樹立及実施
全般的送還計画ハ運輸省ト協議ノ上之ニ策定スルモノナルコト
右計画ニ基キ本院ハ各地方庁ニ対シ計画輸送ノ日割、人員及乗船港等ヲ指令スルモノナルコト
地方庁ハ右指令ニ基キ帰還希望者中ヨリ所定人員ヲ選定シ右ニ対シ集合日時及場所等ヲ指示スルコト

関係機関ノ協力其ノ他
輸送関係ニ付テハ関係鉄道局（管理部）日本交通会社（支社）帰還者ノ集結等ニ付テハ夫々其ノ関係団体（例ヘバ在日朝鮮人連盟、中国帰国委員会、台湾郷会等）ノ緊密ナル連絡ヲ取リ積極的強力ヲ得ル如ク配意スルコト(116)

四月一五日の通達は、五日の通達を具体的にした内容である。例えば、地方長官は四月二五日までに輸送計画を立てること。そして、関係各鉄道局長に、その輸送計画を三月一八日までに登録した地区町村別帰国者数と併せて輸送要請をすること。各鉄道局長は、これに基づき管内鉄道輸送計画案を作成し、四月末日までに運輸省に報告すること。運輸省ではその報告を基に総合的な計画を決定し、五月初旬、各鉄道局長に通達することとしている(117)。

二五日の通達は一五日の内容をさらに具体化したものであり、その内容は次のようである。

具体的送還計画ヲ樹立シタルトキハ各個人ニ対シ出発日時、集合場所、指定列車等ヲ的確迅速ニ通達スルノ方

途ヲ講ズルコト（新聞発表及広告、ラジオ放送回覧板等ヲ利用スルコト）
地方長官ハ送還者実績ヲ取纏メ毎日無電報告ノコト
帰還証明書ノ発行ニ当リテハ登録名簿ト照合ノ上契印ヲ押捺シ且登録名簿ニ出発期日ヲ記入シ之ガ適確且迅速ヲ期スルコトトシ従来ノ如キ重複又ハ他人名義ノ証明書ヲ発行スルガ如キコトナキ様特ニ留意スルコト乗車券ノ発行ハ団体乗車券扱トシ市区町村ハ帰還証明書控ヲ取纏メ乗車駅又ハ日本交通公社ニ提出シテ之ト引換ニ団体乗車券ノ交付ヲ受ケ予メ選定シタル団体責任者ニ所持セシメ終始統制アル団体行動ヲ採ル如ク十分指導シオクコト(118)

この内容の他にも、帰国する際の荷物や上陸港等に関する記述がある。まず、荷物についてである。GHQが四月一日以降持ち込める荷物を、一人当たり二五〇ポンド（約一一二・五キロ）と指定した。(119)これを受けた日本政府は運輸省と協議をした結果、一二・五キロ以内は車内持ち込み、五〇キロまでの荷物二個は託送扱いにするとしている。(120)上陸港については、釜山港に限定し、今後、朝鮮に帰国する場合、行き先別に区分することは必要なしとした。(121)これにより、帰国希望者の登録による「計画輸送」は開始されたのである。

ちなみに、計画輸送開始日は、四月二五日と五月七日の二日に分けられていた。(122)四月二五日に開始となった都府県は、東京、神奈川、千葉、埼玉、群馬、栃木、茨城、福島、静岡、愛知、岐阜、山梨、長野、石川、福井、三重、滋賀、奈良、和歌山、大阪、京都、兵庫、鳥取の一都二府二〇県である。(123)これら以外の道県が五月七日に開始となっている。(124)だが、このように開始日が二日に分けられた理由は不明である。

④ 帰国希望登録調査による「計画輸送」の展開

帰国希望登録調査の結果は、全国の登録総数六四七、〇〇六人、帰国希望者数五一四、〇六〇人、残留希望者数一三二、九四六人となり、全体の七九％が帰国を希望していた。[125] だが、計画輸送は順調にいかなかったという。[126] 帰国者数は予定をはるかに下回り、仙崎や博多に集まる朝鮮人は、予定の十分の一にも満たなかった。その理由は主に朝鮮半島の実情にあった。それは、食糧不足、住宅不足、持ち帰り金の制限（一人一、〇〇〇円まで。手荷物は二五〇ポンドまで、その後変更あり）などであったという。[127] そこで、「朝鮮人の計画輸送に関する件[128]」という資料の中に、「朝鮮人帰国忌避理由調査表[129]」という報告書が含まれている。そこには次に記すように、高知県が独自に県在住の朝鮮人を対象に、帰国をしない理由について調査したものである。ただし、高知県はどのような方法により、どのような朝鮮人を対象に調査したのか詳しいことはわからない。

朝鮮人の計画送還については、本県に於ては本年六月五日以降相当努力したが、その実績は本年三月十八日現在の登録で帰国希望をせる本県在住の鮮人総計八二二名中六月、一名（中略）七月、一名もなし

朝鮮人帰国忌避理由調査表

一、朝鮮の現在の国情が経済的に悪く、帰国しても生活困難であるから帰国せぬが、将来は帰国したい。二五三名

二、現在の日本は朝鮮より生活条件が恵まれ、且生活収入が多額であるから今の処帰国しない。二五三名

三、現在所有している家財道具及現金を携帯して帰国が出来ぬから帰国しないが、携行出来る様になれば帰国する。一〇四名

四、帰国しても朝鮮に頼るべき親族や家がないから帰らぬが、将来十分な資力が出来れば帰国したい。一五名
五、自己商業上の賃借精算未了なるため帰国しない。一四名
六、現在病気中なるため。一四名
七、その後いろいろな点でよし朝鮮が将来独立国家として発足しても独立独歩は困難であり、必ず日本に頼らねばならぬといふ事と認識したから今暫くは帰国せぬ。六名
八、在日本朝鮮人連盟が日本より引き揚げぬから帰国せぬ。六名
九、子供が出征して未復員なるため。五名
十、子供が内地で育ち朝鮮を知らぬから可愛想であるし、現在帰国しても親日家として散々の圧迫を受けるであろうと予想されるから帰国せぬ。二名
十一、妻が日本人なるため。妻が妊娠中なるため。帰国希望があるが、まだ時期が自分には早い。朝鮮は気候が悪いから今□し日本に居たい。各一名(130)

この調査結果を見ると、朝鮮人は何らかの方法により朝鮮半島の状況を把握し、帰国を保留していたことがわかる。彼らが帰国を望んでいながら現在は帰国をしない、あるいはできないという状況にある中で、日本政府とGHQは帰国希望登録調査をおこない計画輸送を進めている。帰国希望者は多いが帰国者は少ないのは当然のことであろう。

それでは、GHQや日本政府は計画輸送の不振について、どのような対応策をこの先出そうとしていたのだろうか。五月一一付、終連管理部より出された、「朝鮮人送還問題に関する連合司令部との会談(131)」から見てみよう。

日本側（中略）朝鮮人中帰り易き状態に在りしものは既に帰鮮を了し現在残り居るものは日本に資産等を有し早急には動き得ざるもの多し。又厚生省に於ては当初五月十五日よりの本格的計画輸送を行ふ予定にして其の後急に司令部の警告に依り五日より四千人送出のことに変更したるが右変更を市町村の末端迄徹底せしむる為には必然的な時間を要し今日にては猶徹底せざる向きもあるべき之引揚不振の主要原因なり(132)

このように、日本政府はハウエル大佐に計画輸送の不振の理由について説明している。この説明に対してハウエル大佐は次のように応じた。

ハ大佐　如何に良き計画を樹てても実行出来ざるものは致方なし。司令部としては朝鮮人送出は日本政府の大いに希望せらるる所なるを思ひ船舶、鉄道等有らゆる便宜を供与し居るに此の状態にては全く無駄なるに付朝鮮人送還は此の際中止するの外なきものと思考す。台湾人に関しても全く同様の問題あり。朝鮮人送還中止は既に自分の手許に於て具体的に立案中にして近く決裁を得る為上司に提出する考なり(133)

そこで、このような説明を受けた日本政府はハウエル大佐に、先に述べた以外にも、計画輸送不振の理由は在日本朝鮮人連盟の言動にもある。その他に、持ち帰り金や預金の制限もあるので増額をしてほしいという。しかし、ハウエル大佐は、持ち帰り金や預金の増額は認められないと答えている(134)。そこで、日本政府はハウエル大佐に、「然らば強制送還を認められざるや(135)」と訴えたのである。だが、ハウエル大佐は認めなかった。そして、五月末まで様子を見ることにして、その後、計画輸送の中止をするかどうかを検討するとしている(136)。

この会談終了直後、厚生次官と内務次官は、各地方長官宛に次のような電報（至急、五月一一日付(137)）を送っている。

目下実施中ノ朝鮮人ノ送還ハ貴官ノ格別ナル御措置ニモカカワラズ著シク計画数ニ達セズ「マ」司令部ヨリカカル現状ヲ持続スル時ハ送還ヲ中止スベシトノ厳重ナル警告アリ、送還ヲ停止セラルル時ハ多数ノ朝鮮人残留シ之ガ食糧ニ関シ種々困難ナル事態ヲ惹起スル点アリ政府トシテハ速カニ善処シ度ニ付貴官ノ責任ニ於テ都道府県ノ全機構ヲ活用スルト共ニ現地進駐軍軍政官ノ協力ヲ求メ送出割当数ヲ確実ニ充足スル様格段ノ配意アリタシ（終）[138]

そして、五月二四日、引揚援護院業務課より各都道府県教育民生部長宛に出された「朝鮮人送還に関する件[139]」の中では、次のように「在日本朝鮮人連盟[140]」についての記述がある。

四月九日付連合軍最高司令部の指令の重点は毎日四千名を送出する点にあって終期の九月三十日は一応の目標に過ぎないことを徹底せしめること

朝鮮連盟がマ司令部に帰国条件の撤廃方を陳情し近く実現の見込があるから遅く帰るが得だとの宣伝が行はれている地方があるがかかる事実は無根で持帰金及持帰荷物の限度はマ司令部の方針に基くもので絶対にかかる事は事実の見込ない事を周知せしめること[141]

さらに、内務省警保局公安課は「朝鮮人の送還警備状況[142]」の中で、朝連の活動について次のように記している。

そして、ここでも計画輸送の不振の理由は、朝連の言動によるものと見ていたようであった。

帰還希望の朝鮮人は鮮内事情、帰還条件を理由に帰国を回避又は拒否し、殊に最近に於て在日本朝鮮人連盟等の団体が帰還に関する事務の主導権を把握し得ざることより政府の計画輸送に対して強固に反対し、活発なる活動を展開する外、不穏ビラの帖布等妨害行為に出ているのであって、之の儘にて推移すれば朝鮮人の送還実績は益々低下し連合国軍の厳重なる警告にも不拘□彼等の送還を中止するの止むなきに至る慮ありて、治安警備上厳戒するの要がある(143)

また、大阪府警察部長より出された「計画輸送に基く帰鮮状況並に朝連支部役員計画輸送に対する消極的妨害行為に就て」の中では、「送還事務主務市区村長側では妻勢《マ》不熟《マ》若が回避的態度も見受けられるので更に積極的送出方策を折角推進中である」(144)との記述もある。

これら以外にも、計画輸送の不振につながる要因はあった。例えば、五月後半になると朝鮮半島ではコレラが発生している。そのため、五月三〇日、博多引揚援護局長から鳥取県知事宛に、次のような通達が出された。

釜山に於てコレラ発生のため米軍の命に依り釜山向船舶の出航は一時中止することとなったから帰国希望朝鮮人の計画輸送を停止方直ちに手配せられたい。尚出航許可ありたる場合には改めて通知すべきに付御了知あり度い(145)

六月一日、引揚援護局長より各地方長官宛の電報では、「計画輸送を中止するとの向きあるも中央に於いては斯る意図なきに付き送還を継続せらし度」(146)と伝えている。しかし、日本政府の意見は通らず、計画輸送は一時中止となった。その後、再開されたのは、六月一一日になってからである。(147)ちなみに、この後もコレラや洪水、鉄道のスト等により朝鮮半島への計画輸送は度々中止となっている。[148]

六月一九日、終戦連絡中央事務局吉田総裁より終戦連絡岡山事務局宛に「朝鮮人送還に関する件[149]」（電報）が届いた。ここでは次のように、帰国希望を拒否した者に対する具体的な措置が記されている。

連合司令部は引続朝鮮人送還の実施を厳重に監視中であり其の実行に関する為六月十四日付で左の指令を発した（要点抜粋）。

一、日本政府の送還計画に応ぜず出発しない者は帰国の権利を失ったものとして日本政府に於て其姓名を控え置くこと。

二、五月三十一日までの右人数を六月二十五日までに司令部に提出すること。以降は毎月分を翌月十日までに提出すること。

三、朝鮮人送還は日本政府の責任であって其の一部分たりとも朝鮮人団体に委任することは許されない。地方の責任者たる各府県知事に対しては厚生省から別途連絡すると思ふが特に一、二項の履行を確実に実施し指令違反を問われないやう貴官下各府県知事に警告せられたい[150]

だが、このような措置を取っても朝鮮人の帰国者数は増えることはなかった。そこで、日本政府は六月に入ると、各地方へ「帰還促進会議」を開催するように通牒を出している。[151] 例えば、大阪府では「朝鮮人援護協議懇談会関係計画書」を作成し、七月に一一回、八月に八回、九月には一一回、合計三〇回の会議を開催する計画を立てている（大阪における朝鮮人の帰国については、第六章を参照されたい）。実際にこうした会議は何回開催されたのか確認することはできないが、たとえ会議が何度か開催されていたとしても、先の高知県のアンケート調査の結果を見ればわかるように、結局、その成果は上がらず、このあと計画輸送は不振のまま打ち切りとなる。

七月二八日、引揚援護院援護局長より各地方長官・行政事務局長宛に「朝鮮人荷物の増量に関する件」[152]が出された。ここでは、手荷物の増量を現在司令部において検討中であるという。[153]そして、九月一六日、「朝鮮人の持ち帰り荷物に関する件」[154]により手荷物の増量は認められたのである。内容は、一人あたり二五〇ポンドから五〇〇ポンドに増量され、九月一五日より帰国する者に適用するとある。[155]この間、GHQは計画輸送の期間についても、八月八日付「朝鮮への送還および朝鮮からの引揚」(SCAPIN・一一一三)の覚書の中で、一一月一五日までに朝鮮人の帰国は完了せよ、と延長した。[156]その後も、一〇月一六日、「朝鮮への送還」(SCAPIN・一二七三)[157]の覚書により計画輸送は一二月一五日まで延長された。だが、帰国者数は低迷したままで一二月一九日、「日本からの集団帰国の終了」(SCAPIN・一四一四)[158]の覚書により、一九四六年一二月二八日をもって朝鮮人の計画輸送(北緯三八度以南向)は終了となった。

ここでは、帰国希望登録調査による「計画輸送」を中心に検証したが、これまでの先行研究によれば、「計画輸送」は順調にいかなかったといわれている。それは、朝鮮半島へ帰国した朝鮮人をめぐる社会経済的状況はとても厳しい上に、持ち帰り金の制限があったからである。そこで今回は、高知県が県在住の朝鮮人を対象に帰国しない理由を調査した資料「朝鮮人帰国忌避理由調査表」から、その調査結果を見てみた。すると、何だかの事情により、今は帰国をしないが、いずれ帰国を希望する、という意見がかなりあったことを確認した。要するに、この時点では、帰国の「時期」はまだ決められないというのが朝鮮人の多くの意見であるとみられる。日本政府とGHQによる「計画輸送」の不振の原因の一端はここにあるだろう。

註

(1) 前掲、厚生省援護局編『引揚げと援護三十年の歩み』一五〇頁。
(2) 同前。
(3) 地方長官宛「戦争終結ニ伴フ工場、事業場従業者ノ應急措置ニ関スル件依命通牒（抄）」一九四五年八月二二日。
(4)「朝鮮人集団移入労務者等ノ緊急措置ニ関スル件」（警保局保発甲第三号）（前掲、『保護引揚関係雑件』、収録）。
(5) 同前。
(6) 前掲、「関釜並ニ博釜航路経由旅客輸送ノ件」
(7) 同前。
(8) 同前。
(9)「引揚民事務所設置ニ関スル件」（前掲、『鳥取県綴』に収録）。
(10) 同前。
(11) 同前。
(12) 同前。
(13) 前掲、『引揚げと援護三十年の歩み』二六頁。
(14) 前掲、『戦後補償問題資料集』第九集、六三頁。
(15) 同前。
(16) 荒敬編集・解題『日本占領・外交関係資料集』第一巻、柏書房、一九九一年、七八頁。
(17) 同前、八〇頁。
(18)「帰還朝鮮人輸送計画概要」一九四五年一〇月一〇日（前掲、『保護引揚関係雑件』に収録）。
(19) 同前。
(20) 同前。
(21)「内地既住一般朝鮮人帰鮮取扱要項」（案）（前掲、『保護引揚関係雑件』に収録）。
(22)「内地既住一般朝鮮人歸鮮ニ関スル件」一九四五年一〇月二二日（前掲、『保護引揚関係雑件』に収録）。
(23) 厚生次官より各地方長官宛「電報」一九四五年一〇月二二日（前掲、『保護引揚関係雑件』に収録）。
(24) 同前。
(25) 同前。
(26) 同前。

(27) 前掲、『日本国有鉄道百年史』第一〇巻、九二三頁。
(28) 「引揚朝鮮人抑制」（ＳＣＡＰＩＮ・一三九）一九四五年一〇月一五日（前掲、『保護引揚関係雑件』に収録）。
(29) 前掲、『在日朝鮮人処遇の推移と現状』五六頁。
(30) 同前。
(31) 宮崎章「占領初期における米軍の在日朝鮮人政策―日本政府の対応とともに―」一二八頁。
(32) 前掲、「非日本人ノ日本ヨリノ帰還ニ関スル件」（ＳＣＡＰＩＮ・二二四）一九四五年一一月一日（『保護引揚関係雑件』に収録）。
(33) 同前。
(34) 山根昌子編『「朝鮮人・琉球人」帰国関係資料集　一九四六～四八年　長野県』新幹社、一九九二年、二八一頁。
(35) 前掲、「占領初期における米軍の在日朝鮮人政策―日本政府の対応とともに―」一二八頁。
(36) 同前。
(37) 前掲、『在日朝鮮人処遇の推移と現状』五七頁。
(38) 「炭礦在住朝鮮人華人労務者の輸送に関する件」（前掲、『鳥取県綴』に収録）。
(39) 「朝鮮人の関門地区混雑防止に関する件」（一九四五年一一月一二日付）（前掲、『鳥取県綴』に収録）。
(40) 椎橋俊之『ＳＬ機関士の太平洋戦争』筑摩書房、二〇一三年、一九九頁。
(41) 同前。
(42) 「計画輸送ニ依ル帰鮮証明書交付ノ件伺」一一月一三日（前掲、『鳥取県綴』に収録）。
(43) 前掲、『〈戦前・戦後〉在日同胞の動き＝在日韓国人（朝鮮）関係資料＝』一九頁。同前、「計画輸送ニ依ル帰鮮証明書交付ノ件伺」（一一月一三日付）の中にもあるように、地方興生会は改変するとある。改変した地方興生会についてわかる詳しい資料は見あたらないが、坪井は「一一月一五日、中央興生会理事会で日鮮協会と改称し、興生会の事務を引き継いだ。だが、一九四六年一月解消し、その役割一切を各府県に委任された」としている。
(44) 前掲、「計画輸送ニ依ル帰鮮証明書交付ノ件伺」。
(45) 同前。
(46) 前掲、山口県知事・福岡県知事宛　厚生次官より「電文」一九四五年一一月一四日（『保護引揚関係雑件』に収録）。
(47) 前掲、『引揚げと援護三十年の歩み』二六～二七頁。
(48) 同前。
(49) 同前。

(50)同前。
(51)前掲、『海外引揚関係史料集成（国内篇）』第八巻『仙崎引揚援護局史』七頁、第九巻『博多引揚援護局史』一八頁。
(52)前掲、『引揚げと援護三十年の歩み』二七頁。
(53)厚生省社会局長・運輸省鉄道総局業務局長より地方長官・地方鉄道局長宛「内地居住朝鮮人及台湾人帰還取扱ニ関スル件」一九四五年一二月二八日（前掲、『鳥取県綴』に収録）。
(54)同前。
(55)「在日本朝鮮人無賃輸送ニ関スル照会」一九四六年一月一九日（前掲、『保護引揚関係雑件』に収録）。
(56)同前。
(57)竹前栄治監修『GHQ指令総集成—SCAPIN』第一巻、エムティ出版、一九九四年、七九頁。
(58)同前。
(59)前掲、『日本占領・外交関係資料集』第五巻、三一〇頁。
(60)前掲、『GHQ指令総集成—SCAPIN』六八頁。
(61)同前。
(62)各地方事務局長宛「鮮人送出停止ノ件」（大至急）一九四五年一二月三一日（前掲、『保護引揚関係雑件』に収録）。
(63)同前。
(64)同前。
(65)前掲、「占領初期における米軍の在日朝鮮人政策—日本政府の対応とともに—」一三一頁。このような論の根拠として、日本・朝鮮各地のCIC（対敵諜報部）から集められた情報をWeeklyにまとめたG二内の秘密文書があるという。それを粟屋憲太郎・小田部雄次両氏から見せてもらい、見た資料からこのような根拠になったという。
(66)前掲、『GHQ指令総集成—SCAPIN』七〇頁。
(67)各地方事務局長宛「鮮人送還再開ノ件」一九四六年一月四日（前掲、『保護引揚関係雑件』に収録）。
(68)「朝鮮人の送還」（SCAPIN・七二六）一九四六年二月九日（前掲、『保護引揚関係雑件』に収録）。
(69)同前。
(70)「朝鮮人・中国人・琉球人および台湾人の登録」（SCAPIN・七四六）二月一七日（前掲、『鳥取県綴』に収録）。
(71)同前。
(72)同前。
(73)前掲、「占領初期における米軍の在日朝鮮人政策—日本政府の対応とともに—」一三二頁。

(74) 同前。
(75) 同前。
(76) 同前。
(77) 同前。
(78) 「朝鮮人、中華民国人、本島人及本籍ヲ北緯三十度以南（口ノ島ヲ含ム）ノ鹿児島県又沖縄県ニ有スル者ノ登録令ニ関スル件」『昭和二十年九月　昭和二十年人口調査ニ関スル綴　神津村役場』（武庫川地方事務所長より各町村長宛、一九四六年三月一二日付）、（財）世界人権問題研究センター所蔵。「神津村」は、現在の兵庫県伊丹市である。
(79) 同前。
(80) 同前。「特典」について説明すれば、鄭栄桓は、GHQ側による、SCAPIN第七四六号が用いている「帰還の特権」という言葉を、日本政府の告示では「帰還に関する特典」（厚生省・内務省告示第一号）と表現している。日本政府が意図的に「特権」という言葉を避けた可能性を推測できるという（鄭栄桓『朝鮮独立への隘路　在日朝鮮人の解放五年史』法政大学出版局、二〇一三年、七九頁）。
(81) 前掲、『GHQ指令総集成―SCAPIN』八三頁。
(82) 同前。
(83) 同前。
(84) 同前。
(85) 前掲、「占領初期における米軍の在日朝鮮人政策―日本政府の対応とともに―」一三三頁。
(86) 『官報』一九四六年三月一三日。
(87) 『朝日新聞』一九四六年三月一三日。
(88) 前掲、『官報』一九四六年三月一三日。
(89) 前掲、『在日朝鮮人の歴史（金英達著作集Ⅲ）』一六九頁。
(90) 前掲、『朝鮮独立への隘路　在日朝鮮人の解放五年史』五五～五六頁。
(91) 前掲、「朝鮮人、中華民国人、本島人及本籍ヲ北緯三十度以南（口ノ島ヲ含ム）ノ鹿児島県又沖縄県ニ有スル者ノ登録令ニ関スル件」。
(92) 同前。
(93) 同前。
(94) 同前。

(95) 同前。
(96) 同前。
(97) 同前。
(98) 同前。
(99) 終戦連絡中央事務局作成文書（一九四六年三月一二日）（『保護引揚関係雑件』に収録）。
(100) 同前。
(101) 同前。
(102) 同前。
(103) 同前。
(104) 同前。
(105) 同前。
(106) 同前。
(107) 同前。
(108) 同前。
(109) 前掲、『引揚げと援護三十年の歩み』五二五〜五三三頁。
(110) 同前。
(111) 同前、五二六頁。
(112) 「中国、台湾人、朝鮮人の送還」（ＳＣＡＰＩＮ・八七二）一九四六年四月九日（前掲、『鳥取県綴』に収録）。
(113) 同前。
(114) 同前。
(115) 前掲、引揚援護院次長より各地方長官宛「非日本人ノ送還ニ関スル件」一九四六年四月五日、一九四六年四月一五日、一九四六年四月二五日。
(116) 同前、一九四六年四月五日。
(117) 同前、一九四六年四月一五日。
(118) 同前、一九四六年四月二五日。
(119) 前掲、『ＧＨＱ指令総集成―ＳＣＡＰＩＮ』八七頁。
(120) 前掲、「非日本人ノ送還ニ関スル件」一九四六年四月二五日。

(121) 同前。
(122) 同前、一九四六年五月二四日。
(123) 同前。
(124) 同前。
(125) 金英達「資料（一）解放直後の人口調査による都道府県別の在日朝鮮人数」『在日朝鮮人史研究』第二五号、一九九五年、一二三〜一二四頁。
(126) 前掲、『在日朝鮮人処遇の推移と現状』六〇頁。
(127) 同前。
(128) 高知県知事より内務大臣・厚生大臣・終戦連絡事務局長・県下各警察署長・高知県厚生課長宛「朝鮮人の計画輸送に関する件」一九四六年八月二二日（前掲、『保護引揚関係雑件』に収録）。
(129) 同前。
(130) 同前。□は判読不能。
(131) 終連管理部より「朝鮮人送還問題に関する聯合司令部との会談」一九四六年五月一一日（前掲、『保護引揚関係雑件』に収録）。この資料によれば、会談は一九四六年五月九日午後三時、G―三ハウエル大佐室でおこなわれた。出席した人物は、日本側は厚生省引揚援護院入江次長、本城業務課長、終戦連絡事務局牛場課長、GHQ側はハウエル大佐、ストラウス中佐であった。このハウエル大佐とストラウス中佐については、GHQの中でどういう地位にあった人物かはわからない。ただし、G―三とあることから、参謀部第三部に所属していた人物であろう。
(132) 同前。
(133) 同前。
(134) 同前。
(135) 同前。
(136) 同前。
(137) 厚生次官・内務次官より各地方長官宛「至急電報」一九四六年五月一一日（前掲、『鳥取県綴』に収録）。
(138) 同前。
(139) 前掲、「朝鮮人送還に関する件」一九四六年五月二四日。
(140) 和田春樹・石坂浩一編集『岩波小辞典　現代韓国・朝鮮』岩波書店、二〇〇二年、一〇四頁。略称は朝連。戦後、各地で自主的に作られた団体が結集し、一九四五年一〇月一五日に結成された在日朝鮮人の相互扶助的団体。

(141) 前掲、「朝鮮人送還に関する件」一九四六年五月二四日。
(142) 内務省警保局公安課「朝鮮人の送還警備状況」(前掲、『保護引揚関係雑件』に収録)。
(143) 同前。□は判読不能。
(144) 大阪府警察部長より内務省警保局長・警視総監・全国各府県警察部長・大阪終戦連絡事務局長・大阪地方検事局検事正宛「計画輸送に基く帰鮮状況並に朝連支部役員計画輸送に対する消極的妨害行為に就て」一九四六年五月二五日(前掲、『保護引揚関係雑件』に収録)。
(145) 博多引揚援護局長より鳥取県知事宛「帰国希望朝鮮人送還の一時停止」一九四六年五月三〇日(前掲、『鳥取県綴』に収録)。
(146) 同前、引揚援護局長より各地方長官宛「電報」一九四六年六月一日。
(147) 同前、内務部長　厚生課長より各県知事宛「電報訳」一九四六年六月一一日。
(148) 前掲、『在日朝鮮人処遇の推移と現状』六一頁。鳥取県知事宛「電報」一九四六年七月二六日(前掲、『鳥取県綴』に収録)。
(149) 終戦連絡中央事務局吉田総裁より終戦連絡岡山事務局宛「朝鮮人送還に関する件」(電報)、一九四六年六月一九日(前掲、『保護引揚関係雑件』に収録)。
(150) 同前。
(151) 『府参事会議案原議綴』議事録(昭和二一年八、九、一〇月)、大阪府文書館蔵。
(152) 同前、引揚援護院援護局長より各地方長官・行政事務局長宛「朝鮮人荷物の増量に関する件」一九四六年七月二八日。
(153) 同前。
(154) 同前、一九四六年九月一六日。
(155) 同前。
(156) 前掲、『GHQ指令総集成―SCAPIN』一〇七頁。
(157) 同前、一一八頁。
(158) 同前、一二八頁。

第三章　下関・仙崎港周辺の状況と山口県の対応

本章では、山口県にある下関港と仙崎港を取り上げ、主に送出港周辺の状況を見ていく。[1]その際に、県や市・町の対応と、警察、さらに、日本政府が帰国を実施するにあたり「利用」したとされる地方興生会や朝鮮人団体の援護活動も対象としたい。

その他には、山口県には朝鮮人の帰国に関わったとされる「民生課」という組織が設置されていた。「民生課」は、一九四四年九月二七日に厚生省健民局の組織が改変され、この時に新たに健民局内に新設されたという。[2]また、森田芳夫によれば、「民生課」とは、「地方には北海道、大阪、山口、福岡」[3]の四カ所に設置されたという。このような理由により、「民生課」の役割りについても見ていきたい。

一　終戦直後の下関と仙崎港付近の状況

山口県下関は地理的に朝鮮半島と近い位置にあることから、戦前より釜山と連絡船航路でつながれていた。そのため、終戦直後から朝鮮半島へ帰国する朝鮮人は下関へと集まってきたのである。その時の下関の状況は「二〇年八月はじめに、すでに五、〇〇〇名が下関で船を待っている実情[4]」であったといわれている。だが、下関港は米軍による機雷で閉鎖されており、「引揚げ」の港は、当時は大津郡、現在の長門市にある仙崎港となっていた。

一九四五年八月三〇日付、山口県知事から内務省警保局長・中国地方総監府第一部長宛に送られた「下関市に於ける帰鮮朝鮮人の滞留状況に関する件」(5)（以下、「下関市の件」と略す）という文書がある。この文書によれば、「下関市に参集する朝鮮人は日々増加し、本月二九日現在、一万名に達したるが猶増加の趨勢にあり」(6)と記されている。ここから、終戦二週間後の一九四五年八月二九日までに、一万人の朝鮮人帰国者が下関にやってきたことがわかる。この一万人の具体的な内訳は、八月二九日現在で、「軍人及軍属」一、二〇〇名、「徴用工」一、三五〇名、「一般帰鮮者」七、四〇〇名、合計九、九五〇名とある。(7)

このような状況に対して山口県は、指導取締りについては最善の努力をしているが、(8)内務省および中国地方総監府に対しては次のように訴えていた。

本月三一日より、興安丸（七、〇七九噸、定員一、七四四名）、徳寿丸（三、六三七噸、定員一、〇〇九名）を非公式にて交互運航開始することとなりたる模様なるも、之が一日の輸送限度は二、二〇〇名程度にして各庁府県に於て、無統制に帰鮮せしめらるるに於ては、下関市は益々混乱に陥り、全く収拾不可能となり、治安保ち難きを以て貴官に於て右輸送限度を考慮せられ、鉄道其の他関係当局と御協議の上、輸送船の増配を御斡旋相成ると共に、各庁送出期間を定め、計画輸送を実施せらるる様致度。(9)

さらに、この時期の下関と仙崎港については、『長官事務引継書』(10)の文書の中にも次のような記述がある。

終戦後、全国よりの帰鮮々人は、下関港を目指し殺到する実情なるも、下関港は機雷の為、目下使用不能にして、内鮮連絡は大津郡仙崎港を臨時発着港として使用しつつあるが、現在就航しつつある船舶は、興安丸（六、〇〇〇名）・朝伝丸（一、二〇〇名）の二船にして、而も仙崎港は港内浅く、施設も不完備なる為、発着及乗降に極めて不便なる為、隔日運航にして海上輸送力充分ならず、為に下関駅仙崎港に多数の滞留者を出し、之等は時に暴動化せんとするの危険もありて、其の取締及接遇に苦心しつつある状況なり。[11]

下関駅には多数の滞留者がおり、「下関市の件」によれば、山口県ではこの滞留する朝鮮人帰国者をできるだけ抑えるために、下関駅行き乗車券の発売を制限する措置を取った。だが、「一般朝鮮人」は列車の混雑に紛れて乗り越してやって来る者や、数回乗り換えてやって来る者、ある県では「早急帰鮮すべく慫慂せる為、急遽来関する者[12]」もあったということで、乗車券の発売を制限する措置だけでは、とうてい混雑した状況を抑えることはできなかったようである。混雑する下関駅付近にはこのような「一般朝鮮人」だけが押し寄せるのではなく、「移入朝鮮人労務者」もやって来る状況であった。

それでは、山口県はこのような下関周辺に帰国するためにやって来る朝鮮人や滞留者に対して、施設や食糧などについては、どのような対応をとったのだろうか。例えば、救護が必要な者は下関興生館に収容し、「一般朝鮮人」は「華人労務者収容所（収容最大限二〇〇名）に収容すべく、極力指導中なる[13]」とある。ただし、帰国者の中には、食糧や大量の携帯品も所持している者もおり、その一部には「警察が何と言おうと、乗船の斡旋は不可能ではないか、朝鮮が独立すれば平等の権利がある等の悪質的言辞を漏らすものあり。之を指導困難の状況なり[14]」ということもあったようである。

山口県はこうした帰国者に対して食糧の援助をおこなった。その背景には、帰国者を支援するためだけではなく、帰国者の「暴徒化の危険」を警戒し、県内の治安の悪化を防ぐためにおこなったのだという。[15]例えば、下関警察署は八月二二日付の『防長新聞』で、市内在住の朝鮮人に対して次のように呼びかけている。

半島人に注意　下関警察署
下関警察署では二一日市内在住半島人に対し、次のごとく布告を発した。
戦争は停戦し、諸君はいろいろ迷っていることと思うが、警察は諸君の身分一切を保護するから安心せよ。なお、次の点に注意すること。
一、疑問の点はすべて警察署に相談せられたし
二、言葉や態度には十分につつしみ、紛争をかもすことのないように。[16]

また、山口県と下関警察署は、下関と仙崎港付近に滞留する朝鮮人と県内在住の朝鮮人に対して次のような対策も立てていた。①私服警察官の増加と夜間の警備開始、②朝鮮人滞留者の多い地域には市民に自警団を組織するよう指導、③滞留者に治安米や応急米の特別配給をし、食糧不足からの不安感を抑える、④下関市内の町内会・事業場単位において指導懇談会（指導要綱作成）を開催した。そこで、滞留者からの言動に刺激されないよう、在住する一般の朝鮮人や移入朝鮮人の動揺を防止するよう話し合った、⑤防府放送局より八月二四日〜二六日の三日間、一日三回、帰国者や旅行者は現住所から出発しないように放送した。これについては新聞でも報道をし、参集者の増加を防止することに努める、⑥鉄道当局と下関管理部と緊密な連絡を取り、朝鮮半島向け旅行者に対する乗車券の発売を停止し、各駅に関釜連絡船運航状況の掲示をする、⑦中国・九州・近畿各地方総監府に府員を出張させ、各府県及び関係鉄道局・放送局に協力を要請するように依頼する、[17]などである。

しかし、帰国を急ぐ朝鮮人は下関や仙崎をめざして集まってくるのであった。そのために市内には、滞留者が増

え続け、衛生状態は悪くなる一方であり、八月に入ると赤痢患者が多数発生したという[18]。その数は、八月末の下関では赤痢患者累計五〇〇名となった。しかし、「直ちに両地区（下関・仙崎）の地元市町当局・警察署・保健所と協力。戸口調査・検索・消毒・清掃・其他衛生諸般の措置を講し[19]」、次第に終息していった。

山口県は押寄せる帰国者の防止に努めたと見られるが、はたして前述した七項目すべてが実施されたのかどうかを確認することはできない。

二　山口県内在住朝鮮人の状況と山口県の対応

山口県は県内在住朝鮮人の動向を次のように見ていた。

本県在住朝鮮人は、本年六月末に於て一四〇、六五二名、主として土木工事・軍需産業方面に稼働し居りたるが、終戦に伴ひ失業者続出し、且朝鮮独立と云ふ思想的影響を受けて漸次引揚帰鮮しつつあり、此等引揚希望者（既に帰鮮せるもの多数あり）は在住鮮人数の概ね八割の見込なり、之等の取締には興生会等も利用し万全を期しつつあるが、目下の処不穏の向動《ママ》なし[20]

そこで山口県は、「集団移入労働者」に対して「確実なる便船のある迄、徴用解除は行はず、工場事業場に於て掌握、散逸動揺せしめざるよう強力に指導す[21]」とした。「一般朝鮮人」には、「密住地を中心に指導懇談会を開催、動揺防止に努む[22]」とした。ただし、労働者に限っては、県内の軍関係工事が終戦とともに休止し、さらに発注元の軍及び元請けが解散となり、これにより生活の糧を失った者は県内に約一万人おり[23]、彼らは将来を危惧し、不安や動揺から帰国を急いでいるため、山口県は各土木出張所所長に指示し、彼らを各種土木工事・災害復旧工事・戦災地の処理などに、できるだけあたらせるよう検討中であるとした[24]。山口県がこのような対策を立てた背景には、県内に在住する「一般朝鮮人」以外にも、日立製作所笠戸、東洋鋼板下松、東亜化学工業防府、小野田セメント製造、理研金属宇部工場、宇部興産宇部鉄工所、宇部セメント、林兼重工業、東洋高圧彦島工業所などに、朝鮮人が労働者として動員されていたからである[25]。

山口県は、送出港をかかえていることと、県内に在住する朝鮮人の対応もしなければならず、市町村の職員以外にも、「現在は時局の急変に因る不安動揺の防止帰鮮者の引揚斡旋等の応急措置に当り、目下、県職員及外廓団体たる興生会全職員を下関仙崎の両地に派し、引揚者の保護斡旋に当らしめつつあり[26]」、地方興生会の職員も動員し、帰国者の対応にあたっていた。これは、日本政府から県に対して出された指示の下でおこなったというより、現場の状況から判断して、このような対応を取らざるをえなかったと考えられる。それは山口県から日本政府に対して、「全力を挙げ措置しつつあるも、関釜運航に伴ひ、所詮帰鮮者の下関への殺到は免れさるに処して、斯ては治安期し難きを以て、鉄道当局とも御協議の上、強力なる輸送統制実施を御措置相成度[27]」といった訴えからもわかる。

三　山口県の朝鮮人帰国者への援護活動

一九四五年九月に入り、九月六日付の『防長新聞』によれば、九月三日午後、下関駅会議室において、下関管理部・下関警察署・興生会などの関係者により、引揚げ日本人の救済ならびに帰国朝鮮人の取扱いに関する懇談会を開催した。懇談会では、朝鮮人の労働者や軍属などを団体ごとに帰国させ、個人で帰国する者はその団体の中に混ぜながら、先着順に輸送するといった方針を決めた。[28]

この頃日本政府は、九月二〇日、「引揚民事務所設置に関する件」を出し、下関と仙崎にも引揚民事務所が設置されることになった。引揚民事務所では次のように職員を配置し、帰国する者に対して生活に必要な物資の供給、応急医療や宿舎の斡旋などをおこなった。[29]

> 戦争終結後、外地邦人の引揚並内地在住半島人の帰鮮開始せらるるに及び、引揚民事務所を開設し、所長以下多数職員を其の引揚港仙崎町及中継地下関に派遣し、食糧の支給・荷物の運搬・宿泊・医療の実施・各種相談並斡旋等、上陸地及乗船地に於ける各般に亙る援護に遺憾なきを期しつつあると共に、之等引揚民中無縁故者に対しては、居住地決定に至る迄、山口県援護会館等の活用を図り、収容保護設備の充実を図りつつあり。[30]

だが、すでに下関では、日本政府がこの通牒を出した以前の九月二日に、引揚民事務所を開設していた。場所は下関駅前元興生館内に置き、主な業務は朝鮮人の送出であった。[31] 仙崎についても、九月早々に、引揚民事務所を仙崎町の円究寺に置き、朝鮮、満州から引揚げてくる日本人軍属をはじめ、一般の日本人や帰国する朝鮮人の業務にあたっていた。そこには、地方事務官一三名の職員が配属されていた。[32] ここにある「地方事務官」の詳細についてはわからないが、この職員の中には、朝鮮総督府から派遣された職員も含まれていたようである。[33]

また、九月四日付の『佐賀新聞』によれば、山口県警察の特高課下関出張所が「帰鮮者相談室」を設けている。そこでは特別に事情のある一部の朝鮮人を、優先的に乗船させていると報じている。[34]

帰国者の収容施設は、「下関駅附近の施設、滞留鮮人待合施設として興生館（一、〇〇〇名収容可能）、関釜桟橋（三、〇〇〇名収容可能）、下関駅構内（一、〇〇〇名収容可能）、漁港事務所地階等を充当し、興生会及鉄道当局は緊密なる連絡の下之等建物に収容」する。食料は、「一般外食券を発給し、已むを得さる場合は治安米を配給し、之に充てつつあり」[35]。このように、県（「民生課」職員も含め）・市・町・地元警察署などによって、朝鮮人の帰国者にも、独自の判断のもとで、日本人の引揚げ者と共に援護がおこなわれていた。

この他にも「仙崎埠頭附近の施設、埠頭附近所在の元需品廠倉庫を開放すると共に、新に幕舎を構築之等に収容」[36]したとあるが、生活必需品は不足していた。そのため滞留する朝鮮人は、施設の備品を燃料に使い、建物の一部を破損させてしまうという事態もおこり[37]、これについて山口県は、「厚生課と連絡し、右倉庫を補修約六、〇〇〇名収容の宿たらしむべく、目下工事中」[38]としている。

一〇月一八日になると、ＧＨＱより厚生省は引揚げの中央責任庁と指定される。その頃の仙崎港付近には、約一万八千人の朝鮮人滞留者がいた[39]。内訳と滞留する理由は、一万人が「計画輸送」により帰国する者、あとの八千人は次のようであった。①計画輸送を待ちきれなく下関にやってきた者、②雇用主から無責任に解雇され自力でやってきた者（ほとんどが土建関係労働者）、③その他、一般朝鮮人、約二〇～三〇人。その上、毎日平均約四千人の帰国者が下関に到着している[40]。一〇月になっても滞留者が増え続ける原因は、先の①や②以外にも、この時期は季節がら台風の影響により[41]帰国船の運航が一時中断していたこともある。

このように滞留する朝鮮人が増え続ける中、はっきりとした日付はわからないが、ＧＨＱは下関や仙崎港付近の状況を視察し、その結果を山口県知事に、直ちにこの混乱を何とかせよと注意している[42]。この注意を受けた山口県は、次のような対策を立てていた。

之等帰国鮮人の乗車制限に付、広島鉄道局に交渉の結果、一〇月一七日より当分の間は各鉄道間共下関駅着乗車券の発売停止を行ひ、漸次在関滞留鮮人の減少を見つつあるか、一面不正に機帆船又は貨物自動車を使用

し、各地より秘に来関するものあるに依乗車取締中なり。(43)

この対策については、一〇月一七日付の『防長新聞』でも、GHQの指令により一〇月一五日から一〇日間、帰国する朝鮮人の鉄道乗車を禁止、また、乗車券の発売も中止したと報じている。(44) だが、帰国を急ぐ者や長期の滞留者の中には、「闇船」を利用して朝鮮半島へ帰国する者もかなりいた。「闇船」については次のような記述がある。

日鮮間を運航しつつある闇連絡機帆船が一〇隻近くあり、一七日に、約五隻程釜山向出帆したるが、一人当運賃約一〇〇円乃至一五〇円位なり。航海時間は天候良好の時、一五時間乃至二五時間なり。此の船は、朝鮮よりは邦人を乗船せしめ、帰鮮航路には鮮人を乗船せしめあり。収容能力は一〇〇名乃至二〇〇名。此闇船を、在日同胞救護会が釜山向帰鮮者の乗船券を斡旋しあり。(45)

「闇船」については『長官事務引継書』の中でも、一〇月二三日現在、機帆船により下関・小串・仙崎・須佐・萩各港から五二、〇〇〇人の朝鮮人が帰国したとある。(46)

それでは、出航を待つ滞留者の宿泊・医療・食糧・燃料などの状況はどうだったのだろうか。一〇月一八日付の「下関滞留朝鮮人に関する情報」の中には、次の記述がある。まず、宿泊の状況は、①下関桟橋駅待合室約五、〇〇〇人、②下関駅待合室約三〇〇人、③下関興生館約六〇〇人、④在日本朝鮮人連盟倉庫内約四〇〇人、⑤波止場付近上場約三〇〇人、⑥疎開し空き屋となっている建物に約四〇〇人、⑦知人宅約三、〇〇〇人、⑧桟橋駅待合室下のガード下、その他ごろ寝、約八、〇〇〇人、などであったという。(47)

医療や救護については、まだ、日本政府から医者の派遣など何も連絡はない。そのために手配もできない状況であった。現在のところ病人はないが、この先病人が出た場合には、日本医療団下関支部又は駅最寄りの開業医に治療を依頼することになる。その際に貧困者には医療費を興生会より支給する。なお、医療救護に関しても、医療班もなく看板も出ていない状況であり、「在日本朝鮮人連盟釜山赤十字社出張所の方が兎も角看板を出し居れり」という状況であった[48]とある。

食糧については、①軍関係の復員者は三日分程度の食糧を携行していたが、下関到着前にすべて食べてしまい、現在は困難な状況、②集団計画輸送者・一般の帰国者は、相当量以上を携行、③無統制に解雇された集団労働者・土建関係者は、ほとんど携行していない。そのために下関警察署長に配給を要求している[49]、などである。

燃料については、燃料をめぐるトラブルが報告されていた。例えば、仙崎町では難破した木造船数隻を燃料用に提供したが、それでも間に合わず次のような事件や事故も起きている。①炊事の燃料などにするため下関駅構内の建物を取り壊した。そのため建物が倒壊し、就寝中の朝鮮人二名が死亡、②宿舎の興生館の床板、中国人労働者の宿泊休憩所、仮設の便所の屋根、扉、空き屋の家などから木材を運び去る事件あり、③仙崎港では警察官と朝鮮人が口論になり、朝鮮人側が警部補と巡査を海中に突き落とした[50]。

以上に見てきたように、終戦直後から一〇月にかけて、朝鮮人の帰国者への対応は、山口県が独自の対策を立てておこなっていた。だが、それだけでは追いつくことはできず、下関や仙崎港付近は混乱した状況であった。そのような中で、下関付近には「闇市」がつくられ、さまざまな物資が売買されていた。当初はこれをＧＨＱも認めていたようであるが、一〇月二八日付の『防長新聞』によれば、次のような理由により「闇市」は撤去されることになった。だが、物資不足による混乱は、すぐに解消できる問題ではなかったと思われる。

下関の〝闇市〟を撤去
下関警察では、いよいよ下関駅付近の闇市場にメスを入れる。当初食糧に不自由だろうからとの警察当局の親心から大目にみていたが、最近の闇値は蜜柑（四ツ）缶詰（三ツ）一山五円……とせり上がり、金を出せば殆どなんでもあると公然の闇市場となっており、半島人のみならず内地人まで店を張り、各方面からひんしゅくの的となっているので、市民の生活に悪影響を及ぼすとて、闇市場の□□撤廃を断行することになったものである。(52)

その一方で、日本人の引揚げ者は、「地元の警防団の誘導で寺院・神社・学校はもちろん一般の民家にも宿泊していた。慰問団によって何度か温かい演芸会も開かれていた」(51)ようであり、朝鮮人の帰国者と日本人の引揚げ者では、このような違いもあったようである。

四　下関と仙崎における朝鮮人団体の援護活動

下関や仙崎港付近に滞留する帰国者の対応は、山口県の他にも朝鮮人団体による援護活動もおこなわれていた。例えば、「仙崎に朝鮮人救護会があり、朝連傘下でその受入と援護にあたって」(53)いた。下関でも次の六つの朝鮮人団体が活動していた記録がある。①釜山府の金守徳と下関の清水輝男が下関駅裏に作ったとされる、下関朝鮮人帰国者救護会事務所(54)、②在日本朝鮮人連盟下関支部(55)、③朝鮮罹災同胞救済会日本救護班(56)、④朝鮮建国委員会(57)、⑤在日同胞救護会(58)、⑥在日本朝鮮人連盟釜山赤十字社出張所(59)、などである。これらの団体の中で、活動の内容を確認できるのは次の三団体である。③の朝鮮罹災同胞救済会日本救護班は、二七人の派遣団を下関に派遣し、九月二〇日に下関に到着し、下関駅内に救護所を設置し、救護品の分配、医師、薬剤師たちの治療活動などをおこなった。また、九月だけでも、二三日、二四日、二七日に約二、二〇〇人を派遣していた。[60] ⑤の在日同胞救護会は、帰国者に「闇船」の乗車券を斡旋していた。また、興生会を通さずに、直接警察から米を供給してもらっていた。[61] ⑥の在日本朝鮮人連盟釜山赤十字社出張所は、医師一名とその他四名を派遣し、一〇月一五日、下関に到着した。一七日より下関署長と駅長の了解を得て、GHQより援助をしてもらい、駅構内の元憲兵詰所に医療班の看板を出した。だが、釜山を出発した際に、米軍によって薬品と材料の持ち出しを禁止され、何も持たずに来航したという。そのため非常に困難をきたしたと資料には記されている。[62]

朝鮮人団体による援護活動が進められる一方で、団体間による幹部同士の意見の対立や縄張り争いもあったようだ。ただし、そこに政治的な背景があったのかどうかについては確認できない。[63]

仙崎で確認することができる朝鮮人団体は、下関でも確認した下関朝鮮人帰国者救護会事務所の仙崎出張所（以下、朝鮮人救護会と略す）だけである。[64] 朝鮮人救護会は、正式には一〇月一三日より業務を開始したとあるが、すでに九月から山口県の係員とともに受入送還の業務はおこなっていた。

業務内容は、常駐の事務員三〇人と青年五〇人による食糧・乗船・衛生などに関する業務である。また、食糧に困っている帰国者には、警察と連絡をとり治安米の交付を受け、一日に三、〇〇〇人以上の者に握り飯を配給していたとある。[65] ところが、山口県警察署はこのような援護活動をおこなっている朝鮮人救護会に対しては、あまりよい印象は持っていなかったようである。それは、朝鮮人救護会が帰国者の乗船に関する全ての権限を握っており、仙崎港でおこなう援護は、日本国有鉄道・県・警察はあくまで協力者の立場であったとある。[66]

以上、繰り返しになるが、この時期の下関や仙崎港付近の状況は、滞留する帰国者により混乱していた。山口県は、日本政府による「現場」の状況に即した具体的な帰国対策がない中で、独自の判断の下で援護や帰国を進めていた。それは山口県だけではなく朝鮮人団体もおこなっていた。このような日本政府による、いわば「現場まかせ」の対応に対して、現場を視察した職員は、「米軍当局は、日本政府の余りにも無力なるに驚き居るらしく、鮮人問題に関する限り、日本政府に対し、甚だ好感をもたざる様子なり」[67]。「現地各方面の一致せる意見は、此の鮮人問題の処理に就ては、到底山口県のみにては不可能なる事であり、是非、本省の積極的努力を要望し現地に乗出して貰ひ度き意向なり[68]」といった報告書をまとめている。

この他にも日本政府と地方の連携がうまく機能していなかったのか、現場の職員から政府と官僚に対して次の五つの要望が出されていた。

㈠収容施設については、下関駅内外に朝鮮人があふれているため、駅待合室を修理し、そこに収容する。元山陽デパート（収容力約四、〇〇〇人）を借入し、帰国朝鮮人事務所を開設する必要あり。㈡収容施設解決の時期は、一一月中旬までには完備する必要あり。風邪・寒気による滞留者があるため。また、米軍による申し入れもあると思われるため。また、人道上からも放置できないためである。㈢市役所関係吏員よりの意見として、滞留朝鮮人が下関市民に対して迷惑を日々かけている。そのため治安の悪化が懸念されるため、急速なる解決を要する。㈣現在までに厚生省において、「種々腐心し其の都度講じたる措置は交通、通信の現状に依り、現地には其の一つも通じ居らざるに付之が対策を要す」。㈤「各地進駐の連合軍より地方庁に対して種々の統計資料其の他の報告を求められつつあるが、本省に於ても「マッカーサー司令部」や中央地方に提出する各種資料あるに付き、中央地方提出書類の間に甚だしき齟齬不統一ありては将来困難なる問題を生ずる点あるに、中央地方相互に緊密なる連絡を保ちて統一するの要あり。特に種々の案件に付き、計算又は推定の基礎を為す単位、単価、人口等に於いて其の要緊切大なり。本件に関しては各地方長官に対し、各省より必要なる通牒を発する要ありと思料す[69]。

五　下関地方引揚援護局と下関地方引揚援護局仙崎出張所の設置と展開

一九四五年一一月一五日付の『防長新聞』によれば、一一月一二日、下関市内において朝鮮人の帰国について打合せ会議が開かれ、次の二つの事項が決定されていた。[70]㈠今後、身分証明書を持参していない朝鮮人は、山口・福岡両県に入ることを禁止する。[71]㈡下関と仙崎の両港の滞留者については一応の整理がついた。[72]

翌一六日付の『防長新聞』でも、下関駅の構内には朝鮮人は立ち入り禁止となったと報じている。[73]このような報道から、山口県や朝鮮人団体などの帰国者に対する対応の成果か、次第に滞留する朝鮮人を統制できるようになったと見られる。

一一月二四日になると、日本政府の通牒により、山口県においても下関地方引揚援護局と下関地方引揚援護局仙崎出張所（以下、仙崎出張所と略す）が設置されることになった。これにより、それぞれの引揚民事務所は廃止となる。

それでは次に、下関地方引揚援護局と仙崎出張所の業務内容及び援護活動の展開を見ていこう。

まず、仙崎出張所について見ると、仙崎出張所は山口県知事に申請し、仙崎国民学校の一部を借り受け開設していた。[74]仙崎出張所の機構は、局長の下に総務部、業務部、第一復員部、第二復員部、検疫所が設けられた。[75]朝鮮人の帰国は、業務部の下に「送出課と朝鮮人収容所」が設けられ、ここで朝鮮人の帰国事務手続き、世話斡旋、生活必需品の支給などがおこなわれるようになった。[76]これにより、これまで朝鮮人の帰国援護をおこなってきた朝鮮人団体の一つである朝鮮人救護会は、仙崎出張所やＧＨＱ側から解散を迫られたようである。だが、朝鮮人救護会は直ちに解散に応じることはなく、そのまま支援や援護活動を続けたという。[77]しかし、一九四六年六月になると、ＧＨＱより次のような指令が出され、朝鮮人救護会は朝連仙崎支部とともに解散となっている。[78]

一九四六年六月一四日、マッカーサー司令部は、「朝鮮人送出の責任の全部、又は一部を朝鮮人組合又は団体の如何なるものにも委託してはならない」等の指令を発したので、当地占領軍隊長ライト少尉は七月一二日を期し、解散を命じた。[79]

この指令によると、仙崎出張所内に朝鮮人収容所が設けられたことで、それまで朝鮮人の帰国者の援護をおこなってきた朝鮮人救護会は、「占領軍隊長ライト少尉」の命令により正式に解散させられたようだ。

朝鮮人収容所に関する資料がある。『郷土文化ながと』（一一号、一九九九年）[80]に収録されている「仙崎引揚港「許可証」に師を偲ぶ」という記事である。この記事には、地元の白井商店が「占領軍」により、朝鮮人収容所内への入所を認められ、許可証を発券してもらった。その許可証が発見されたと記されている。記事によれば、許可証は木片でできていたという（写真あり）。「その木片は、縦一八センチ、横一〇センチ、厚さ一センチほどの板で、表面には日本語で「許可證（証）」とその内容、昭和二一年七月二八日の日付があり、裏面にはその英訳が記されていた」[81]とある。許可証の日本語で書かれている面の内容は次のようである。なお、個人名が特定されている箇所は「□」とした。

第八号　許可証

山口県大津郡仙崎町一三〇三

□□□□

右之者帰国朝鮮人仙崎収容所内
市場に於て商行為を営むことを許可す
昭和二一年七月二八日
占領軍仙崎地区隊長ライト少佐。[82]

この「許可証」によって、朝鮮人収容所の出入りが管理されていたことがわかる。

医療については、当初、仙崎出張所自ら医師や薬剤師を採用し活動をおこなっていたが、一九四六年四月以降、九州大学医学部より随時応援を受け、救護看護婦については、日赤山口支部へ二〇名ほど派遣を要請したとある。[83] この他にも元京城帝大教授等六名の移動診療班を設けて活動をしたとの記録もある。[84] この記録の中にある「移動診療班」については次のように確認することができる。

『ある戦後史の序章―MRU引揚医療の記録―』[85]によれば、一九四六年二月二日、「大陸」より引揚げて来た医師を中心に、財団法人在外同胞援護会救療部が組織された。本部は博多にあり、出張所は仙崎、佐世保、広島、舞鶴に設置された。主に外地より引揚げて来た日本人の救護活動をおこなうことが目的であったが、日本より帰国する中国人や朝鮮人の救護にもあたったという。[86]

日付は前後するが、一九四五年一二月になると滞留する朝鮮人帰国者はほとんどいなくなった。例えば、山口県は仙崎出張所開設により、帰国者の荷物の検査や朝鮮人の警備の重要性に鑑みて、警部補一名、巡査五〇名を配置した。[87] だが、一二月二三日付の『防長新聞』には、仙崎、釜山間には三隻の船を増配したものの、帰国滞留者は減少したとして次のように報道している。中国人については帰国を完了した。一一月下旬に朝鮮人の収容所を飛行場に移したところ、計画輸送は順調に進み、下関や仙崎港には滞留者はほとんどいなくなった。わずかに計画輸送外の者がトラックなどで仙崎港へ来るくらいである。[88]

翌年の一九四六年三月六日付の『防長新聞』によれば、「閑散な仙崎港、引揚船興安丸も大あくび、最近の仙崎港引揚船状況はなんと減少している。帰還朝鮮人は昨年秋ごろの殺到振りなどどこにもなく、極めて閑散[89]」とした状況であった。

その後、六月から八月にかけて朝鮮半島ではコレラが発生し、仙崎でも深刻な問題となった。そのため仙崎出張所では、この頃に再渡航してくる朝鮮人の中には、コレラ患者や保菌者もおり死亡者も出た。そのため六月に入り当分の間業務停止とした。コレラの問題は深刻であった。七月にやってきた朝鮮人の再渡航者の中には、コレラ患者と保菌者、合計八二名がおり、病院の一棟をコレラ専用病棟としたという。[90]こうしたコレラの発生により、仙崎町には外務省から次のような通牒が出されている。「密航朝鮮人抑留所にコレラ発生せる為、二七日迄特別の要務ある者以外は、仙崎迄の出入を禁止せられたり[91]」。さらに、「朝鮮人送還については、八月一〇日から博多のみを使用し、仙崎は使用されない[92]」というように、帰国停止命令も出された。そこで業務停止状態にあった仙崎出張所は、次のような報告書を終戦連絡中央委員会宛に提出している。

本月（八月）に入り一般の集結は僅か三二名で、その他は全部密航者なり。当地に集結せしめられる密航者は、山口県人丸、萩、小串方面、島根県浜田、石見、益田、須佐方面に渡航し来れり、密航船は大小の差あるも大体百名内外を乗せ、運賃は八〇〇円より一、〇〇〇円位迄なり。（中略）現在入院患者四二名（大部分「コレラ」患者）にして最近死亡せるものなく軽症なり。尚、密航者は進駐軍及び警察に於て之を監視し居るも、平均一日二、三名逃亡す。[93]

仙崎出張所は「コレラ」の影響により、一九四六年一〇月一日（厚生省告示第六六号）下関地方引揚援護局の廃止に伴い、仙崎地方引揚援護局に昇格したもの[94]の、一九四六年一二月一六日、厚生省告示第八九号をもって廃止となった。[95]

六　下関地方引揚援護局の業務と閉鎖

それでは、下関地方引揚援護局の業務内容と閉鎖に至る過程を見ていこう。下関地方引揚援護局は、下関引揚民事務所跡をそのまま仮庁舎として使用し業務を開始した。初代局長には山口県知事、次長には厚生事務官が就任した。[96]主な業務内容は、朝鮮人を仙崎や博多へ送り出す中継業務や、外地から引揚げてきた引揚げ者に対する乗車の斡旋などであった。[97]それは、下関港はアジア太平洋戦争末期の空襲や機雷投下により閉鎖状態にあったためである。また、検疫については、仙崎出張所の業務補助として、仙崎港から出航する朝鮮人に検疫をおこなっていた。[98]

一九四六年一月二八日になると下関地方引揚援護局は、今までの仮庁舎から援護局の体制を整えるとの理由により移転する。しかし、その際に、朝鮮人の帰国業務を取り扱う業務部送出課だけは、下関駅前の元興生館内に残った。[99]この理由は、日本人の引揚げ業務と朝鮮人の帰国業務を分けることが目的だったようだ。[100]

一九四六年三月、下関地方引揚援護局は本庁舎へ移転し開港することを目指す。だが、関釜桟橋やその他の施設の整備作業や、米国から機雷の専門家が来日し、関門海峡を中心に調査を実施したものの、機雷の掃海が終了したのは一九四六年七月中旬に入ってからであった。[101]そのため、一〇月一日、厚生省告示第六五号により正式に下関地方引揚援護局は廃止となった。[102]

終戦直後のまだ日本政府やＧＨＱから具体的な帰国政策が出される以前から、山口県では県や朝鮮人団体によって、援護活動が不十分ながらもおこなわれていたことが確認された。多くの滞留者を抱える山口県にとってはかなり厳しい状況ではあったが、そこでは朝鮮人団体も県や地元警察とともに活動をしていたことがわかった。あわせて「民生課」の活動も確認できたことを付け加えておく。しかし、一九四六年の後半以降になると、占領軍の命令により、次第に朝鮮人団体の動きは制限され解散となったこともわかった。

註

（1）福岡県と山口県における朝鮮人帰国については、拙稿「在日朝鮮人の帰還援護事業の推移─下関・仙崎の事例から」『在日朝鮮人史研究』三六号、二〇〇六年と、拙稿「解放直後の福岡県における朝鮮人帰還」『在日朝鮮人史研究』三八号、二〇〇八年がある。これらの論文を基にして、一部抜粋し修正したものである。

（2）厚生省五〇年史編集委員会『厚生省五〇年史（記述編）』、財団法人厚生問題研究会、一九八八年、四一四頁。健民局内には民生課のほかに、体力課・健民課・母子課・戦時援護課がある。

（3）前掲、『在日朝鮮人処遇の推移と現状』五二頁。

（4）同前、五三頁。

（5）前掲、「下関市に於ける帰鮮朝鮮人の滞留状況に関する件」（一九四五年八月三〇日）。

（6）同前。

（7）同前。

（8）同前。

（9）同前。

（10）『長官事務引継書』（山口県文書館所蔵）「引継書」警察部警備課二、（二）下関駅及仙崎埠頭に於ける帰鮮々人の状況。

（11）同前。傍線は筆者による。

（12）前掲、「下関市に於ける帰鮮朝鮮人の滞留状況に関する件」。

（13）同前。

（14）同前。

（15）同前。

(16)『防長新聞』一九四五年八月二二日。
(17)前掲、「下関市に於ける帰鮮朝鮮人の滞留状況に関する件」(一九四五年八月三〇日)。④にある「指導懇談会」の詳しい内容はわからない。⑥にある「下関管理部」については、当時一九四二年九月以来、一九五〇年七月まで山口県の国有鉄道を管理したのは「下関管理部」である。だが、ここではこれとは別に「鉄道当局」を挙げているがその理由はわからない。⑦にある「府員」は、地方総監府の職員を意味しているものと思われる。
(18)前掲、『長官事務引継書』。
(19)同前。
(20)同前。
(21)前掲、「下関市に於ける帰鮮朝鮮人の滞留状況に関する件」。
(22)同前。
(23)同前。
(24)同前。
(25)戸島　昭「徴用・動員・強制連行」(山口県文書館編『山口県文書館研究紀要』第一四号、山口県文書館、一九八七年)。
(26)前掲、『長官事務引継書』。
(27)前掲、「下関市に於ける帰鮮朝鮮人の滞留状況に関する件」。
(28)前掲、『防長新聞』一九四五年九月六日。
(29)前掲、『長官事務引継書』「事務引継書厚生課」一、引揚民援護に関する事項。
(30)同前。
(31)長門市役所『長門市誌』長門市、一九五六年、五八九頁。
(32)前掲、『海外引揚関係史料集成(国内篇)』補遺第二巻、『下関地方引揚援護局史』二三頁。ここにある「地方事務官」とは、地方総監府・県の事務官と思われる。
(33)厚生省社会局福利課「下関滞留朝鮮人に関する情報」一九四五年一〇月一八日。『太平洋戦争終結による旧日本国籍人の保護引揚関係雑件』、(外務省記録、第一六回公開、二〇〇〇年、以下『保護引揚関係雑件』と略す)に収録。この資料によれば、山口県出張所を開設し、仙崎の寺院を借りて朝鮮総督府からの派遣員と政府側(厚生省なのか、地元の職員なのかわからない)の職員と合同で設置したとある。
(34)『佐賀新聞』一九四五年九月四日。
(35)前掲、『長官事務引継書』。ここにある「元需品廠倉庫」とは、陸軍需品廠と思われ広島に支廠があった。

(36) 同前、「引継書」警察部警備課（三）滞留鮮人の為の接遇施設の状況。
(37) 同前。
(38) 同前。
(39) 同前。
(40) 同前。ここにある「計画輸送」とは、一九四五年九月一日に出された「朝鮮人集団移入労務者等の緊急措置の件」により、朝鮮人軍人・軍属、集団移入労働者の帰還を優先的におこなうとしたことであると思われる。
(41) 同前。一〇月一一日の阿久根台風による運航中止による影響だと思われる。
(42) 『防長新聞』一九四五年一〇月一六日。
(43) 前掲、『長官事務引継書』「一九四六年一〇月二七日　輸送課関係事務引継書」（二）在関滞留鮮人の処理。
(44) 『防長新聞』一九四五年一〇月一七日。
(45) 前掲、「下関滞留朝鮮人に関する情報」。
(46) 前掲、『長官事務引継書』「事務引継書厚生課」一、引揚民援護に関する事項。
(47) 前掲、「下関滞留朝鮮人に関する情報」。
(48) 同前。
(49) 同前。
(50) 同前。
(51) 前掲、『長門市誌』五九五頁。
(52) 『防長新聞』一九四五年一〇月二八日。□は判読不能の文字である。
(53) 前掲、『在日朝鮮人処遇の推移と現状』六一頁。
(54) 前掲、『長門市誌』五九五頁。
(55) 前掲、「下関滞留朝鮮人に関する情報」。
(56) 洪仁淑「第二次世界大戦直後の東アジアにおける大国の動きと朝鮮民族の対応：朝鮮半島と日本地域を中心に」一橋大学博士論文　二〇〇〇年、二五一頁。資料により確認することはできなかったので再引用した。
(57) 前掲、「下関滞留朝鮮人に関する情報」。
(58) 同前。
(59) 同前。
(60) 洪仁淑前掲。二五一頁。資料により確認することはできなかったので再引用した。ここにある「約二、二〇〇人」という数字についてはどういった意味なのかわからない。
(61) 前掲、「下関滞留朝鮮人に関する情報」。
(62) 同前。
(63) 同前。
(64) 前掲、『長門市誌』五九五頁。
(65) 同前、五九五~五九六頁。
(66) 山口県警察史編さん委員会編『山口県警察史』下巻、一九八二年、五四三頁。
(67) 前掲、「下関滞留朝鮮人に関する情報」。
(68) 同前。
(69) 同前。
(70) 『防長新聞』一九四五年一一月一五日。
(71) 同前。
(72) 同前。
(73) 『防長新聞』一九四五年一一月一六日。
(74) 前掲、『海外引揚関係史料集成(国内篇)』、第八巻『仙崎引揚援護局史』一頁。
(75) 同前、六頁。
(76) 同前。
(77) 同前、二五頁。
(78) 前掲、『山口県警察史』一三四頁。
(79) 同前。
(80) 中谷貞女「仙崎引揚港「許可証」に師を偲ぶ」『郷土文化ながと』一一号、長門郷土文化研究会発行、一九九九年、六〇~六一頁。
(81) 同前。
(82) 同前。ここでは、「ライト少佐」となっている。先の『山口県警察史』の中では、「ライト少尉」とあるが、この許可証に記載されている「ライト少佐」が正しいだろう。
(83) 前掲、第八巻『仙崎引揚援護局史』七八頁。
(84) 同前、一二六頁。

(85) 木村秀明『ある戦後史の序章―MRU引揚医療の記録―』西日本図書館コンサルタント協会発行、一九八〇年、六六頁。

(86) 同前　六六～六七頁。さらに、この財団法人在外同胞救護会救療部の目的と趣旨は次のようである。目的、「在外同胞が帰国するに当り、病弱者を医学的立場から救護し、本国に流れてくる悪疫の防止、悪習の根絶、及び新たなる日本を生み出すべき婦女子並に児童の保護等、医学的立場よりする日本民族の防衛である」。設立の趣旨、「一、本部を博多に置き、引揚船の船医乗込を拡充し、主として大陸に於ける医療・防疫救護団体と連絡し、在外同胞の医療救護を積極化すること。二、右と表裏して、日本各地より送還する中国人及び朝鮮人の医療救護に任ずる。三、移動救護を重点として、引揚船の船医として救療に当る外、上陸後は内地関係諸機関と協力しつつ、救護の斡旋を図ること」。また、「移動診療班」という用語は、『ある戦後史の序章―MRU引揚医療の記録―』の中で、「移動医療局」（Medical Relief Union　略称MRU）とある。この「移動医療局」については、『ある戦後史の序章―MRU引揚医療の記録―』や、泉貴美子『泉靖一と共に』芙蓉書房、一九七二年、一〇三～一〇四頁に詳しい。

(87) 前掲、第八巻『仙崎引揚援護局史』一一一頁。

(88) 『防長新聞』一九四五年一二月二三日。

(89) 『防長新聞』一九四六年三月六日。

(90) 前掲、『仙崎引揚援護局史』八七頁。

(91) 「コレラ発生に伴う出入禁止に関する件」一九四六年七月一九日付（前掲、『保護引揚関係雑件』に収録）。

(92) 仙崎引揚援護局出張所宛「送還朝鮮人の件」一九四六年九月五日付。

(93) 終戦連絡九州事務局長宛「朝鮮人送出に関する件」一九四六年八月一四日付（前掲、『保護引揚関係雑件』に収録）。ここにある「人丸」は山口県油谷であり、油谷港に着いた者たちと思われる。「石見」は島根県旧浜田市三隅町であり、日本海側の島根県浜田、益田も含めた地域である。「須佐」は山口県である。現在は萩市の北部を指す地域である。

(94) 前掲、『引揚げと援護三十年の歩み』七一七頁。

(95) 同前、『引揚げと援護三十年の歩み』援護行政機構変遷系統図より。

(96) 前掲、『下関地方引揚援護局史』二三～二八頁。

(97) 同前、四七頁。

(98) 同前、五九頁。

(99) 同前、二四頁。

(100) 同前。

(101) 同前、二六五～二六七頁。

(102) 前掲、『引揚げと援護三十年の歩み』援護行政機構変遷系統図より。

第四章　博多港周辺の状況

送出港の中でも、一番多くの帰国者を送り出した博多港を持つ福岡県内における帰国者の状況と、福岡県の対応を見ていく。政府レベルでの引揚援護体制が整えられていく過程で、その内容がどのように県レベルに伝達され、実際に対応したのか、終戦直後のまだ引揚援護体制が整っていない時期も含めて見ていきたい。その際に、県（「民生課」も含めて）、市・町の対応や興生会、朝鮮人団体活動について見ていく。

また、福岡県は、朝鮮人を帰国させた送出港をもつ他に、県内に在住する朝鮮人も多数いた。県内在住朝鮮人に福岡県は、どのような対策を立てていたのだろうか。そのことも含めて見ていこう。

一　博多港における軍人・軍属の帰国

終戦直後の博多港付近に滞留する朝鮮人や福岡県に在住する朝鮮人に関しては、福岡県が内務省に提出した「半島人の動向概要報告の件」[1]（以下、「概要報告の件」と略す）文書に詳しい。「概要報告の件」を見ると、「半島人動向概要」という題で、福岡県在住朝鮮人と帰国するために博多港にやって来た朝鮮人の動向について、次にあげる①～⑥にまとめられる。①福岡県在住半島人数、②戦争終結当時の状況、③其後の状況、④帰国半島人の状況、

⑤県に於て執りたる措置、⑥帰国半島人休憩宿泊所である。(2) この他に「帰還半島人対策要綱」には、①〜⑳の項目と、博多港付近に設置された収容所の見取図も添付されている。(3)

それではまず、第一章三の「帰国の選択―労働者、軍人・軍属、「一般人」の帰国と残留―」の項でも、博多港から帰国する軍人・軍属については一部ふれたが、「概要報告の件」によりもう少し補足をしよう。

「概要報告の件」によれば、終戦直後の三日後である八月一八日には、「何れも生活及身上の不安に駆られて帰鮮を急ぎ、八月一八日頃より博多港周辺に続々として来集し、同二四日迄二千人を算するに至れり」(4) とあり、帰国しようとする朝鮮人が博多港へやって来ることがわかる。この他には、東部軍及び中部軍の軍人約四、〇〇〇人が召集解除により博多港に集まり、その総数は合計五、〇〇〇人に達した。しかし、八月以来、唯一の博釜連絡船の珠丸は故障により運航できず、八月二四日には一〇〇トン以上の船舶の航行が禁止されたこともあり、博多港には日を追うごとに朝鮮人の滞留者が増えていったとある。(5) 召集解除された軍人についての様子をさらに見ると、「復員半島人は何れも僅か三日間の食糧と少額の現金を所持するに過ぎざるのみならず、指揮者なき為、全く烏合の衆に等しく、時日の経過に伴ひ治安上重大なる事案の発生を見んとするが如き有様」(6) とある。

福岡県はこのような軍人の状況に対して危機感をつのらせたのか、次のような対策を立てている。

不安は積る一方にて危険益々加り来りたるを以て、県に於て急速に帰鮮防止策を講するの要ありと認め、西部軍と協議の結果、復員半島人に付ては、軍に於て一括収容出航迄給食監視することとして指揮者を定め、二四日待船中の復員軍人全部を福岡市東公園に移し、軍に於て援護を開始し、更に二六日之を市内千代・馬出・箱崎の三国民学校に分散収容せり。(7)

ここから帰国する軍人についての対応は、日本政府による具体的な帰国政策が示されていない中、福岡県と西部軍の話し合いにより軍がおこない、それと同時に援護も開始されたことがわかる。また、軍人は、先に見た山口県下関に滞留していた軍人と同様に福岡県でも、他の朝鮮人帰国者と離されて収容されたと見られる。

「概要報告の件」文書の他に、「朝鮮人帰鮮に関する各省事務分担」[8]という文書がある。これによれば、一九四五年九月頃になると復員軍人・軍属の輸送の保護斡旋は陸軍・海軍省が担当すると記されている。[9]

そもそも軍人・軍属の管理は軍の管轄であったことを考えるならば、帰国する際にも軍がその対応にあたるということは当然の流れかもしれない。しかしながら、軍による具体的な対応を示した文書は、筆者の知る限り従来の帰国に関する研究の中ではほとんど見あたらない。日本国内の朝鮮人軍人・軍属の帰国については、第一章三の項であげた、『引揚げと援護三十年の歩み』の記述があるだけであると思われる。そのことを考えれば、今回、軍による送出港（下関と博多だけではあるが）における軍人や軍属の具体的な対応を確認できたことは、今後研究を進めていく上で何かしらの手がかりとなるだろう。

二　労働者と「一般人」の帰国

次に、福岡県は博多港へやって来る労働者や「一般人」に対して、どのような対策をとったのだろうか。まず、博多港の労働者の状況は、第一章三の「帰国の選択」の項で述べたとおりである。ここでは帰国者の食料や宿泊の状況を見てみよう。「概要報告の件」によれば、次のようであった。

従つて県に於ては福岡興生会と連携の下に、関係部課署と相謀り、右帰還半島人休憩宿泊所を中心として、別紙帰還半島人対策要綱に基き、着々保護斡旋に乗出すこととなれり。而して多数半島人中には、食糧なき者相当数あるを考慮し、食糧課を中心に関係部課協議の上、給食を要する場合は、滞留者は外食券乗船の際は乾パンを給することとなり、既に外食券乾パン、民生課に於て保管中に属せり。[10]

「一般人」の滞留者については、「当分の間船舶航行禁止に因る帰鮮不能事情を説得し、全員出発地に向へ引上方勧奨したる結果、大部分日散《ママ》し残留者僅少なりたるを以て、残留中の要援護者に対しては、外食券の交付、宿所の斡旋をなす等、援護対策を講せり」[11]とあり、「一般人」の帰国者は福岡県側の説得に応じたと見られ、混雑は解決したようである。だが、博多港は滞留する朝鮮人で混雑していた。それは第一章三の「帰国の選択」の項でも述べたように、『博多引揚援護局史』の座談会記事（一九四七年四月七日、博多引揚援護局食堂にて開催）の中で、朝鮮人の帰国に携わった職員は当時の様子を振り返り、船は出ないものだから、帰国する人は増えるばかりで、次々に人は集まってくると語っている。[12]

これまでの研究でも、例えば坪井豊吉によれば、朝鮮人の帰国は日本政府の計画通りには進まず、一般の朝鮮人も一路祖国へと下関、仙崎、博多方面に怒濤のように押し寄せていった。そして、便船を求め、あるいは機帆船を仕立てて、我先にと帰国していったという。[13]森田芳夫は、解放後の混乱の中で統制ある帰国は実施されず、一九四五年九月末には下関や仙崎の他に博多も一万人（この中に「一般朝鮮人」がどれほどいたのかはわからないが）を超える朝鮮人が帰国の順番を待っていたという。[14]

こうした状況を福岡県は予測していたのか、「一般人」の帰国者に帰国できない現況を報告したあとも、流言や憶測などにより帰国者が続出するものとし、徹底的に防止する策を講じる必要ありと、次のような措置をとっている。

九州地方総監府より門鉄局を通じ、門鉄局管下各駅に朝鮮向け連絡船欠航の旨掲示すると共に、県は九州各県に対し帰鮮者の抑止方連絡し、更に県下各警察署をして、此の方面の指導取締に徹底を期せしむることとせり[15]。

それでも福岡県は、帰国をするためにやって来る「一般人」には「一括収容し、二五の内一人を班長とし、班編成の上、余力ある座席に応じ逐次帰還せしむることとせり」とした[16]。

こうした中博多でも、下関で見たように帰国を急ぐ者は多額の運賃を支払い、「闇船」を利用して帰国する者が多くいた[17]。だが、公式船以外の「密航」による帰国は海難事故の危険も孕んでいた。「概要報告の件」には、遭難の事例が一件報告されているので、次に記しておく。

北九州沿岸特に若松港方面より多額の運賃を支払ひ、貨物船・機帆等を利用、密航するもの多数ありたるが、其の一例として、九月二日、慶尚南道よりの電報照会に依り、判明せるが、右は八月二三・二四日頃同志相謀り、戸畑港方面より密航を企て、途中二六日頃、沖ノ島（宗像郡大島村管内）に遭難せること判明せるを以て、所轄東郷警察署に於ては天候の恢復を待ち、九月六日、発動機船に白米一俵、麦四俵等を積載、救助に赴きたるが、総員三百九十七人中二百六〇人は、慶尚南道の救助船に依り既に朝鮮に向け出発し、残留者に対し食糧として右米麦を交付したるが、残留者は更に迎船を出し博多港に連行、博釜連絡船に依り帰鮮せしむへく、目下、特別高等課に於て準備中に属せり[18]。

以上、見てきたように、博多港へやって来た軍人・軍属や労働者、「一般人」の状況と福岡県の対応を見た。そこでは、福岡県が帰国計画を立てるために、九州地方総監府、門鉄局などに協力を要請していた。帰国者と直接接触する現場では、県の職員以外にも、興生会や民生課の職員も動員され、かなり早い時期から福岡県独自による帰国対策がおこなわれていたことがわかった。それは従来の研究[19]の中でも明らかにされているが、日本政府による帰国政策が具体的かつ有効におこなわれない中で、福岡県が独自の取り組みによって対応せざるをえなかったという背景もあった。また、その際に、軍や待機する朝鮮人も動員していた。

それでも、博多における民生課職員による、朝鮮人の帰国業務については、まだ明らかにされていない部分が多い。そのため、次に民生課の仕事を中心に見てみよう。

三　福岡県在住朝鮮人と「民生課」の対応

「民生課」（以下、括弧は省略す）については「第三章　下関・仙崎港周辺の状況と山口県の対応」で述べたが、ここでは福岡県における民生課について先行研究の出水薫の論を踏まえて補足する。

まず出水は、福岡県における民生課とは、『博多引揚援護局史』座談会記事[20]の中に記されている元民生課員の発言から、「朝鮮人問題を扱うだけの課[21]」であったという。それは福岡県の地域的特性のためであり、すなわち、筑豊の炭鉱地域や北九州の工業地帯などが存在し、そこに朝鮮人労働者が集中していたからである。そのため福岡県における民生課は、いわゆる強制動員された朝鮮人を管理する役割を担っていたと考えられる。そこから「敗戦処理」として、朝鮮人の帰国に対応せざるを得なかったともいえるだろうという[22]。

この出水のいう「福岡県の地域的特性」といった点から見ると、「概要報告の件」の中で、次のように福岡県内に在住する朝鮮人の動向を分析している。福岡県には一九四五年八月一五日現在、約二〇万人の朝鮮人が在住しており、その内訳は「移入労務者五万人、自由労務者六万人、既住其他九万人」である。[23] さらに、福岡県はこのカテゴリーとは別に、(イ)有識層、(ロ)一般朝鮮人、(ハ)労務者《ママ》(労務者の中にも理解力ある労務者とその他の労務者とに分類)といったように、朝鮮人を階層別にも分類していた。[24] ここで(イ)有識層について見ると次のように記している。

一、既住半島人　イ、有識層

内地在住永年に亘り一定の土地に固着せる者等は、内地の生活に馴れたるは勿論、家庭の事情等よりして内地を離るることを欲せず、今次戦争終結に対し、不尠失望と敵愾心を有し、国家の恩恵を心より感謝し、仮令英米の援助を以て、独立を見るとも必ずや朝鮮は連合国の野望の下に未た曽てなかりし苦き経験を嘗めさるべからざるは必定にして、寧ろ此の儘内地に留まり、今後、朝鮮に於ける内乱騒擾等の患を避けたしとの観測を下し居る者あり。[25]

また、福岡県は、(ロ)一般朝鮮人については比較的穏やかな者もいるが、密かに帰国する準備をしている者もいるという見方をしている。[26] (ハ)「労務者」については、「理解力ある者に於ては、敗戦を遺憾とする向きにあらさるも、現実の前には抗し難く、世論に引摺られ漸次浮腰となり、帰鮮を急ぎつつあり」[27]と見ていた。「その他の大部分の労務者」という項目もあり、それについては、戦争の終結を理解できるものとできない無学の者がいる。無学の者は朝鮮独立万歳を叫び、祝杯をあげる者もいる。今後は就労解除により生活の不安を感じ、将来の身分について「労務係」や現場指導員などに質問をし、帰国を要望する者が続出するだろうと分析していたことがわかる。[28]

福岡県では、八月一五日の終戦直後から約二週間後にかけて、労働者の様子を「軍工事及土木建築作業員」、「集団移入労務者」、「鉱山労務者」の三つのカテゴリーに分類し、次のように分析をしていた。

軍工事及土木建築作業停止せるもの五二カ所、之が就労半島人の失業者約七千五百人の多数を算し、其の大部分は直ちに収入の途絶えたる為、止むなく預金の引出をなし、殊に飯場に寄宿せる独身者は従来奔放なる生活を続けたる関係上、少額なる貯金を消費後に於ては、食糧等の窃盗事案も発生するを予想せらるるに至れり。

集団移入労務者

軍需工場の作業停止せるものに二四カ所、失職者約二千五百人を出し生活不安の状況にあり。

鉱山労務者

変局に際し、鉱山方面に於ても、事業縮小又は日和見の状態となり、移入労務者の長期管理方不能を見透し、早期帰鮮方を希望し居る関係上、労務者側に於ては、愈々浮足立ち、無断脱出等の暴挙に出つる向も見受けらるるに至れり。(29)

これらの労働者の様子から、終戦を迎えて軍関係の工場が停止となり、大量の失業者が出たために、福岡県は失業した朝鮮人労働者に対して警戒している様子がうかがえる。

先に述べた（イ）「有識層」と（ロ）「一般朝鮮人」についても福岡県は次のように分析しているのでつけ加えておく。

其の後、連合軍の発表に依り、朝鮮を二分し、北半分はソ連に南半分は米国の支配たること判明するや、有識層に於ては愈々朝鮮の将来を案じ、益々内地在住の意を堅め、又一般半島人に於ても、不安の念を抱きつつあるも、一度乱れたる民心は之を如何ともする不能、帰心矢の如し一言に盡る現状なり。(30)

以上、「概要報告の件」を見るかぎりではあるが、福岡県は県内在住朝鮮人の動向をカテゴリー別にして分析していた。福岡県が在住朝鮮人をこのような方法によって分析していた背景を考えれば、民生課元課員の証言や出水のいう「福岡県の地域的特性」（福岡には、筑豊の炭鉱地域や北九州の工業地帯などが存在し、そこには朝鮮人労働者が集中していた）からであろう。福岡県が在住朝鮮人の動向をここまで分析できた背景には、森田が指摘している全国に四カ所しかない民生課が福岡県に設置されており、その職員の果した役割は大きいといえよう。そうであるならば、民生課は終戦直後の朝鮮人帰国者に対してもかかわったと思われる。次に朝鮮人帰国者に対して民生課はどう対応したのかを見てみよう。

終戦直後の民生課の仕事は、元民生課長が語っていたことから、朝鮮人の帰国斡旋業務が中心であったと思われる。それは民生課の職員が次に記すように、朝鮮人の最初の帰国斡旋をおこなったということからもわかる。

八月一八日から二四日にかけて博多港には、日本人引揚者を乗せた朝鮮からの貨物船二七隻があいついで入港した。これらの船のいずれかが朝鮮人の帰国に最初に使用されることになった。八月二二日、福岡県民生課による最初の帰国斡旋によって、三〇〇名の朝鮮人が出港した。(31)

ただし、民生課の仕事については資料が乏しいこともあり、この他にはほとんど明らかにされていない。そこで「概要報告の件」を見ると、福岡県は「帰還半島人対策要綱」を作成しており、その中には次のような民生課についての記述もある。ここでは主に民生課について記されている部分を取りあげて見てみよう。

まず、（イ）福岡県興生会出張所を事務所とし、日本馬事会事務所内（新博多駅横）に置く、（ロ）出張所では戦争終結に伴って、帰国朝鮮人の休憩宿泊及び乗船に対する保護斡旋をおこなう、（ハ）職員は、民生課一名、制服警察官二名、興生会職員一名ないし二名、嘱託医師・看護婦若干名、嘱託指導員若干名、その他職員若干名、小使い二名とある。(32) この事務所と帰国者の休憩・宿泊所、援護内容についてつけ加えるならば、次のようであった。

九月五日は、博多港埠頭に近い石堂川対岸日本馬事会の建物を借り受け、事務所を開設した。そして民生課を中心に、福岡県興生会、中央興生会、博多興生館とともに朝鮮人の宿舎、給食および乗船斡旋にあたった。

九月六日には、博多港付近に滞留している朝鮮人一五〇〇人ほどを動員し、日本馬事会の建物周辺の草取りや清掃を行い、同日夕方より帰国者を収容したとある。ちなみにこの建物に収容できる人数は二、〇〇〇～三、〇〇〇人程度であった。そこでは食糧を持たない者がかなりいたようで、滞留している者には外食券を、乗船する者には乾パンを支給していた。この宿舎では二五人を一班とする（一名班長選出）班を編制させられ、規律を守り秩序ある団体行動をとるよう指示されていた。また福岡県は、食糧支給のため班長に対して班員の名簿三通を作り提出させていたようであった。(33)

一〇月に入ると、民生課についていえば、引き続き朝鮮人の帰国援護をするため、一〇月一二日に博多埠頭内に事務所を移転し、博多埠頭内にある埠頭倉庫を朝鮮人の宿舎にあてたとある。(34)

民生課についていては、「帰還半島人対策要綱」から見た限りではあるが、朝鮮人に対する援護活動は、「朝鮮人問題を扱うだけの課」である民生課（職員一名）を中心に、帰国する朝鮮人を管理するような形で進められていたことがわかった。だが、はたして「帰還半島人対策要綱」の通りに実施されたのだろうか。この時期に朝鮮人の帰国にあたった職員は民生課の職員も含めて何人いたのだろうか。

そこで大雑把ではあるが職員の数を割り出してみると、「(八)職員」から推定される職員数は約一〇数名とする。福岡県側による援護を担当した職員数について正確な人数はわからないが、『博多引揚援護局史』によれば、一九四五年一二月時点で援護関係の局長はじめ書記官、事務官、理事官、技師、防疫官、検疫関係者を含めた職員数は約三一名であったと記されている[35]。これらを合わせると約五〇名弱の職員になるが、これらの職員が朝鮮人の帰国にだけあたったわけではないことも考慮すると、やはり帰国する当事者である朝鮮人を動員し、収容所を整備したことは妥当なのだろうか。しかし、これについて出水は、「日本人引揚者に対する宿舎には、市内の戦災を免れた寺院や学校の講堂があてられている。また、そのような不備な施設を「完備」するにあたって県当局は、燃料の収拾、建物の改良、便所の設営、台風被害の復旧にいたるまで、「勤労奉仕」の名の下に朝鮮人自身を利用していたことにも注意しておく必要がある[36]」と指摘している。

前章で見たわずかな山口県民生課の活動と、福岡県のそれとを合わせて見れば、これまでの研究でいわれてきた、「民生課とは朝鮮人を扱う課であった」ことは、ここからも確認できよう。

最後に帰国者に対する医療についてつけ加えておく。各引揚援護局史の中には、「医療」の項目があり、日本人引揚者とは別に朝鮮人帰国者の対応も記述されている。

例えば、『博多引揚援護局史』には、当初、収容所内の一角に診療所を設け、援護局の職員と「朝鮮医師会」が一緒に診療に当たったと記録されている[37]。「朝鮮医師会」については詳しい記述がなく、どのような団体なのかはわからないが、援護局職員とのやり取りは多少苦労したようであった。その後、一九四六年三月には、医療業務の完璧を期するために医療班を三つに分けて処理したとある。第一医療班は、引揚邦人及復員軍人の診療（救急処置）、第二医療班は、送出朝鮮人の診療（救急処置及入院治療）、第三医療班は、出入港船舶にして船医乗組なき船に、医師及助手・看護婦を乗船させ医療を実施すると記されている[38]。

この他にも『博多引揚援護局史』には、「或日の朝鮮人診療所」と題した日本人職員による回想記がある。回想記には、一日に三五、六〇人の患者が押し寄せ、その時の職員の苦労話しや、帰国者が一カ月も帰国船を待ち続け、その苛立つ様子も記されていること[39]や、嘱託医を置き応急治療を必要とする者は現地の医院で、入院を必要とする者は恩賜財団済生会病院または適当な公立病院で対応するとある。[40]

医療についてはその他にも、前章で述べた『ある戦後史の序章—MRU引揚医療の記録—』[41]の中で、帰国する朝鮮人の救護についての記述がある。そこでは、一九四六年二月二日、「大陸」から引揚げて来た医師を中心に、財団法人在外同胞援護会救療部が組織された。本部は博多に置かれ、出張所は仙崎、佐世保、広島、舞鶴に設置されたとある。この団体の活動は主に外地より引揚げて来た日本人の救護活動をおこなうことが目的であったが、日本から帰国する中国人や朝鮮人の救護にもあたったという。[42]ただし、この救護活動も一九四六年に入ってからである。それ以前の一九四五年八月から一二月までは、日本政府や福岡県、日本赤十字社による救護活動もあったのかもしれない。だが、具体的な記録が記されている資料を入手することはできず、今回は先に見た資料による記述しかわからない。

それでは朝鮮人の側による援護または救護活動はどうであったのだろうか。出水の研究によれば、敗戦直後から朝連による援護活動はおこなわれていたという。[43]ただし、朝連福岡県本部では、帰国者への休憩・食糧の救護活動以外にも、独自に新聞を発行し、帰国者に対して朝鮮半島の状況を伝えていた。そこで当時、朝連福岡県本部は、新聞というメディアを使い、帰国者へどのような報道をしていたのか、次に見てみよう。

四　一九四六年四月以降の朝鮮人帰国者と『世紀新聞』より見る朝鮮半島の状況

表1（一六頁参照）を見ると、博多港から帰国した朝鮮人は、一九四六年五月以降、基本的に横ばいである。これは博多港に限らず他の送出港でも同様な傾向が見られる。[44] その理由は、帰国先である南朝鮮における食糧不足や住宅不足、そして、持ち帰り金や手荷物の制限により、帰国を希望している朝鮮人でも、「今は様子を見ている時期」であったことは確認した。[45] この他にも南朝鮮の状況は、㈠五月二九日、釜山でコレラが発生し、博多と釜山間の輸送が停止した、㈡六月二七日、朝鮮で洪水が発生し、一時、鉄道輸送も停止した、㈢九月二六日、朝鮮で鉄道ストライキがおこなわれ輸送が一時中止していた。[46]

それでは、当時の朝鮮半島の状況を、朝鮮人団体が日本で発行していた新聞はどのように報道していたのだろうか。

一九四六年四月二五日に創刊された、朝連福岡県本部発行の『世紀新聞』[47]がある。創刊日の『世紀新聞』を見ると、「今日この頃は、帰国の波止場状況は余裕綽々整然たるものである。今日近頃は船の定員数が満たず、出港を延期して居る状態である」[48]という記事や、「帰国同胞にして、日本人妻同伴の場合、在福岡朝鮮軍政庁の要望」[49]という見出しで、次のような注意事項も掲載してある。

　帰国について注意　一、食糧は必ず一週間分以上用意して来ること。特に子供の食糧は十分用意する必要がある。二、博多港埠頭に着いてからは埠頭外は自由に出られないから必需品は必ず携帯すること。三、今度の計画輸送には南鮮帰国者に限る。北鮮帰国者は次の指令があるまで現任地に留まること。四、計画輸送期間は一一月末日までだから、慎重に考慮して帰国に手ぬかりのないように注意すること。日人妻同伴帰国の場合、一、市役所または警察署で結婚、二、婚姻届または承認書、戸籍謄本一部を朝鮮軍政庁博多連絡所に提出すれば、証明書を発行する、右証明書不完全な者には、証明書を発行しない。三、よくわからないところは最寄りの朝連または世紀新報か朝鮮軍政庁連絡所に問い合わせのこと。なお、本社に問い合わせの場合には、必ず返信料を添えて［後略］[50]

五月一六日付の『世紀新聞』には、朝鮮半島に帰国した人たちの厳しい生活の状況を書いた記事がある。

祖国に帰還した同胞の真相　食と住に悩む　酷寒地帯からふるえながら偉大なる希望を抱いて帰って来た者や、日本で数十年経営した事業を放棄して、祖国に帰れば充分な営業出来ると思ひ、帰還した同胞もあろう。だが、しかし、もしも祖国の現状を知っていたら、容易に帰国する決心も起こらなかったのではあるまいか。満洲と中国は別として、釜山に上陸した同胞の現状を見れば、無産階級の同胞が乞食をしなければ生きて居られぬことも察せられよう。制限された所持金を以て、住居を求め、生活必需品を求めることは無理であり、数カ月の生活で早くも餓死に直面する実状である。帰還者が、住宅がないので、避難壕生活をしているのは嘘ではなく、事実である[51]

その後、六月六日付の『世紀新聞』では、これまでの研究の中でも指摘されている「コレラ」に関する記事がいくつも見られる。例えば、「釜山線就航禁止　仁川＝博多間に新航路　釜山地方におけるコレラ□□により釜山―博多間の就航が禁止されたので、これに代わり仁川―博多間の航路が設けられる」。「釜山のコレラ（中略）去る二六日現在で死亡者二〇名、現在罹患者五一名である」。また、コレラに感染しないように「下痢患者は直ちに付近の医師に診断してもらう、交通遮断区域に往来せぬこと、コレラ発生地域付近の水道は使用せぬこと[52]」と、読者へ呼びかけている記事もある。

一九四六年一二月に入ると、一二月二三日付の『世紀新聞』では、朝鮮人「不法入国者」七、二〇二人を興安丸に乗せ、博多港より一七日に出港したとある。表1（一六頁）を見ると、一九四六年一二月の帰国者数は四、〇二四人である。この新聞記事にある送還された「不法入国者」数は、一二月の一月分の帰国者数より上回っていることがわかる。これは日本から朝鮮半島へ帰国したものの、厳しい朝鮮半島の状況から、再び日本へ再渡航というかたちで戻って来た朝鮮人が増えたことが大きな要因だろう。

博多港周辺の帰国状況と県内の朝鮮人の動きについて、先行研究の出水の論と新たな資料を使い見たところ、朝鮮人の帰国全般について、これまでに確認できなかった状況まで把握できた。

例えば、終戦直後に福岡県が県内在住朝鮮人の動向を調査し、内務省管理局に提出した「半島人の動向概要報告の件」（昭和二〇年九月一一日）資料である。この資料によって、労働者や「一般朝鮮人」の動きや、帰国者に対する食料・宿泊・医療、そして彼らの対応にあたる職員や事務所の所在も把握できる。だが、福岡県は、いつ、どこで、どれくらいの朝鮮人を対象にしてこの調査をおこなったのか、その記述はない。しかしながら、福岡県が内務省管理局に提出するためだけにおこなった調査だとしても、終戦直後のこの時期の状況を知る資料が入手困難なことを考えれば、貴重な資料であることは言うまでもない。

そして、福岡県における朝鮮人団体が発行する新聞には、朝鮮半島の状況や帰国の手引きなどが伝えられていたことがわかった。だが、当時は物資不足であるといわれる中で、発行部数や新聞を購読していた者は、どの程度いたのだろうか。今後の課題の一つとしたい。

註

(1) 前掲、「半島人の動向概要報告の件」一九四五年九月一一日。
(2) 同前。
(3) 同前。
(4) 同前。
(5) 同前。ここにある「珠丸」は、一九四五年一〇月一四日の長崎県壱岐で機雷に触れて沈没した船である。八月二四日からGHQにより百トン以上の船舶の運航は禁止となった。
(6) 同前。
(7) 同前。
(8) 「朝鮮人帰鮮に関する各省事務分担」『太平洋戦争終結による旧日本国籍人の保護引揚関係雑件』(外務省記録、第一六回公開、二〇〇〇年、『保護引揚関係雑件』と略す)に収録。
(9) 同前。
(10) 前掲、「半島人の動向概要報告の件」。
(11) 同前。
(12) 「座談会記事(一九四七年四月七日、博多引揚援護局食堂にて開催)」(前掲、『博多引揚援護局史』)。
(13) 前掲、『戦前・戦後　在日同胞の動き=在日韓国人(朝鮮)関係資料=』一〇頁。
(14) 前掲、『在日朝鮮人処遇の推移と現状』、五五頁。
(15) 前掲、「半島人の動向概要報告の件」。
(16) 同前。
(17) 同前。
(18) 同前。
(19) 前掲、出水薫「敗戦後の博多港における朝鮮人帰国について―博多引揚援護局『局史』を中心とした検討―」七八〜七九頁。民生課や県の職員の仕事については、おもに、『西日本新聞』や『博多引揚援護局史』の史料を使って論じている。
(20) 前掲、『博多引揚援護局史』一九四七年四月七日、博多引揚援護局食堂にて開催の付録座談会記事より。
(21) 同前。
(22) 出水前掲、七八頁。
(23) 前掲、「半島人の動向概要報告の件」。ここにある二〇万人という数字は、前掲、田村推計(一九四五年八月二〇日現在の福岡県在住朝鮮人数）の二〇五、四五二人とほぼ同様の数字である。また、この時の日本全国の朝鮮人数は一、九六八、八〇七人であり、都道府県中、福岡県に在住する朝鮮人は大阪に次いで二番目に多かった。この理由はこれまでの研究でいわれているように、福岡県には筑豊炭鉱や戦前に朝鮮人が労働者として動員された企業が多いためである。

(24) 同前。

(25) 同前。引用文中にある「嘗《な》めさるべからざるは」については、「経験を味合うしかない」が正しい表現である。

(26) 同前。

(27) 同前。

(28) 同前。

(29) 同前。

(30) 同前。

(31) 出水前掲、七七～七八頁。前掲の『博多引揚援護局史』一九四七年四月七日、博多引揚援護局食堂にて開催の付録座談会記事のなかであきらかにされている。

(32) 前掲、「半島人の動向概要報告の件」。

(33) 同前。

(34) 同前。

(35) 前掲、『博多引揚援護局史』三七～三九頁。ちなみに、前掲、『さらば仙崎引揚港』、七二頁には、一九四六年八月末現在の仙崎援護局で業務をおこなっていた職員の人数は、二級事務官一八人、三級事務官四一人、二級技官七人、三級技官一〇人、嘱託三九人、臨時嘱託三八人、雇員七六人、臨時雇員一人、援護員一七七人、臨時援護員三七四人、合計七八一人であったとある。ちなみに、一級は旧勅任官、二級は旧奏任官、三級は旧判任官である。

(36) 出水前掲、八〇頁。

(37) 前掲、『博多引揚援護局史』五七頁。

(38) 同前。

(39) 同前、一〇二～一〇三頁。

(40) 前掲、「半島人の動向概要報告の件」のなかにある、「帰還半島人対策要綱」より。

(41) 前掲、木村『ある戦後史の序章—ＭＲＵ引揚医療の記録—』。また、この団体については、関連した書籍である上坪隆『水子の譜』（現代史出版会、一九七九年）の中で、当時満洲や朝鮮半島から博多港に引揚て来た、妊娠している女性の堕胎手術もおこなっていたことが記されている。

(42) 同前、二五、六六～六七頁より。この医療団体についてもう少し付け加えれば、朝鮮半島で京城帝大医学部の教授らが中心となり救護活動をしたことから始まったという。その後、MRU（Medical Relief Union）、日本名は「移動医療局」と称し、京城での医療ばかりではなく、引揚者輸送計画にもとづいて完全な防疫体制を整え、釜山・博多などの引揚基地における医療体制を総合的に運営しようという考えから組織したと記されている。博多港では日本人の女性引揚者の堕胎手術もおこなっていた。ちなみにこの組織の中心人物の一人は、文化人類学者の泉靖一氏である。

(43) 出水前掲、八九頁。

(44) 前掲、各『引揚援護局史』の朝鮮人帰国者数より。また、前掲、『在日朝鮮人処遇の推移と現状』六七頁からも推測することはできる。

(45) 同前、『在日朝鮮人処遇の推移と現状』六二頁。持ち帰りの金額については、帰国が終了する一九四六年一二月二八日まで変わらない。荷物の重量はその後、帰国者の減少にともない一九四六年九月一六日に出された「朝鮮人の持ち帰り荷物に関する件」により二五〇ポンドから五〇〇ポンドに増量された。

(46) 出水前掲、九九頁。

(47) 発行地は福岡、発行所は朝鮮人連盟福岡県本部である。一号と二号は『世紀新報』という新聞名であったが、三号以降は『世紀新聞』となった。ここでは混乱しないように、一号、二号も含めて『世紀新聞』とした。在日本朝鮮人連盟は「朝連」と略する。

(48) 『世紀新聞』一九四六年四月二五日。

(49) 同前。

(50) 同前。

(51) 同前、一九四六年五月一六日。

(52) 同前、一九四六年六月六日。

第五章　舞鶴と佐世保における帰国援護体制

本章では、京都府舞鶴にある舞鶴港と、長崎県佐世保にある佐世保港を取り上げる。双方ともに資料は少なく、港の周辺の状況を詳細に検討することはできないが、援護局、警察、興生会や朝鮮人団体の活動も含めて見ていきたい。とりわけ、舞鶴港では、当時現場で帰国業務の一端を担っていた崔碩義氏からお話を聞いた。その時の証言も合わせて見ていこう。

一　舞鶴における援護体制

舞鶴では、表4（一九頁参照）から見てもわかるように、博多や仙崎に比べ、帰国した朝鮮人の数は少ない。その上、一九四六年五月四日、間宮丸の出航を最後に、舞鶴地方引揚援護局は閉鎖となっている。(1)

また、舞鶴に関する朝鮮人帰国の先行研究は、浮島丸の事故に関するものの他には見あたらない。資料も今回入手できたものは、『舞鶴地方引揚援護局史』と、終連中央事務局から出された「朝鮮人送還ニ関スル件」や「鮮人引揚ノ件」、「朝鮮人送還中止ノ件」などである。しかし、当時、在日本朝鮮人連盟舞鶴支部（以下、朝連舞鶴支部と略す）の職員として朝鮮人の帰国業務にあたっていた崔碩義氏(2)より、直接お話を聞くことができたため、崔碩義氏の証言と、これらの資料を合わせて、舞鶴における朝鮮人の帰国を見ていくことにする。

まず、舞鶴では、一九四五年九月一六日、雲仙丸により朝鮮人の帰国は開始されている。[3] その時の朝鮮人の帰国援護業務には、一般の担当職員の他にも、舞鶴西警察署、舞鶴重砲兵連隊、興生会京都府支部、朝連舞鶴支部などから派遣された者も当たっていた。[4] ただしそれらの人数はわからない。

その後、一〇月二四日、西舞鶴に京都府舞鶴出張所が設置され、同日、事務所も開設された。[5] これより本格的な帰国援護業務は開始となる。

京都府舞鶴出張所は、主に引揚げて来る日本人と、帰国する朝鮮人の業務にあたっていた。収容所は、伊左津海軍工員宿舎跡を借り入れた。[6] この頃、朝連舞鶴支部も正式に結成されており、ちなみに最初の事務所は、東舞鶴の材木商の自宅に置かれていた。その後、西舞鶴の伊左津に、さらに魚屋町に移り、主な幹部は土木を請け負う職に就いている顔役たちであったという。[7]

京都府舞鶴出張所の機構は、総務、物資、輸送、医療、帰国、協力の六班から編制された。そこでは、興生会京都府支部や朝連舞鶴支部も援護業務に当たっていたことは既述の通りである。帰国者への役割分担は、興生会京都府支部は主に帰国する朝鮮人の集結の援助を、朝連舞鶴支部は集結した朝鮮人の宿泊、食糧、帰国斡旋などをおこなっていた。[8] この時、朝連舞鶴支部の職員は、「朝連」と書いてある腕章を巻き、対応に当たったという。[9]

一一月二四日、「地方引揚援護局官制」が公布され、舞鶴においても舞鶴地方引揚援護局が設置された。これより、京都府舞鶴出張所は解散となり、引揚援護局長には、京都府知事が就任し、職員数は約五〇〇名となった。[10] 朝鮮人の帰国業務には、業務部送出課が当たり、朝連舞鶴支部の職員二五名も常駐し、協力していたという。[11]

この頃の舞鶴港付近の様子について、「朝鮮人送還ニ関スル件」（一二月一五日付）[12] には、次のように記されている。

舞鶴港ニ在ル立春丸（六千五百噸）及大瑞丸（同上）ハ近日中ニ修理完了ノ上在留邦人収容ノ為夫々南方方面及「シドニー」ニ向ケ出航ノ予定ナル所同港ニハ目下一万以上ノ朝鮮人便船ヲ待チ居ルニ付右両船ニ之ヲ収容釜山ニ廻航セシメ度シ[13]

ここにある、立春丸の釜山に向けての出航は確認できなかったが、大瑞丸については、「鮮人引揚ノ件」（一九四六年一月八日付）[14]の中で、朝鮮半島へ向けて一月一〇日、出航の予定であると記されている。なお、米子付近の大篠津海軍航空隊には、朝鮮人労働者約一、五〇〇人が集まっており、この中の者を大瑞丸に乗せ出航する意向であるとの記述もある。[15]ちなみに、表４（一九頁参照）によれば、大瑞丸は一月二一日に、二、五五六人を乗せ釜山へ向けて出航した。

一九四六年一月一二日、朝鮮人の帰国業務及び収容所は、伊左津寮から上安寮へと移った。さらに、三月一二日には平寮に移り業務を行った。[16]この頃の、帰国援護業務の内容は、『舞鶴地方引揚援護局史』によれば次のように記されている。

〈集合〉　府・県または朝鮮人連盟支部ごとに集団し、興生会の指導により舞鶴に集合したのであるが、帰国希望者数に対する集合人員は約二十パーセントであって、その督促連絡に甚だ苦労したのみならず、乗船日に乗船人員が甚だしく不足し送還船の出港を延期する等、他の引揚業務に例を見ない不良状態を呈起した。駅に到着したものは、当局においてその荷物とともに自動車により上安寮または平寮に輸送し、約五十名ごとの小隊に編成したうえ収容した。配宿《ママ》は上安時代《ママ》は一世帯一室主義によったが、宿舎設備の未完のため、時には狭宿泊となって物議をかもしたこともあった[17]。

収容所の食事については、次の記録がある。

〈給食〉集合日の就宿《ママ》直後に入浴させた。食事は各自七日分の食糧を携行し、自炊することになっていたが、携行量の不足するもの等少なくなく、臨時に配給を受けさせる必要も生じ、舞鶴市役所等の協力により辛うじて処弁することができた。また自炊は火災予防上好ましくないので、二月十四日以降朝鮮人連盟舞鶴支部の指導により共同炊事を行なうことに改め、調味料を支給した。三月十二日平寮に移ってからは、給食はすべて当局において提供することとなった。援助物資、服装はいずれも良好であり、携行荷物も多数であったので、衣料給付の必要はほとんどなかったが、樺太からの引揚者と一部貧困のものに時服を給与し、平寮に移ってからは一般に壁紙等、日用品を支給した[18]

これらの業務内容を見ると、舞鶴は他の送出港と比べ、朝鮮人の帰国者数が少ないからか、援護局の職員と朝連舞鶴支部は協力をしながら援護業務に取り組んでいたようであった。このことは、崔碩義氏も、「舞鶴では朝鮮人の帰国業務に関しては、日本側と朝連側は割合いうまくいっていた[19]」、と証言している。

四月二四日、舞鶴は日本政府より、朝鮮人の帰国は、博多、仙崎の二つの港でおこなうと指令された[20]。五月四日には、終連中央事務局より「朝鮮人送還中止ノ件[21]」が出された。そこでは、「舞鶴ヨリノ朝鮮人送還中止セラレタニ拘ハラズ依然集結シツツアル模様、司令部ヨリノ厳命ニヨリ五日、四百名ノ送還ヲ最後ニ以後貴地ニ赴ク朝鮮人ハ直チニ仙崎又ハ博多ニ輸送セラレ度[22]」と記されており、これにより舞鶴から朝鮮半島へ向けての朝鮮人の帰国は終了となった。

二　崔碩義氏による証言

既述したように、当時の状況をよく表わしている崔碩義氏の体験談がある。貴重な体験談だと判断したため、一部の内容を次に記しておく。

家族が多かった関係で、二手に分かれて帰国することにした。父が先ず、祖父母をともなって、解放の年の一一月、雲仙丸に乗って日本をあとにした。父が先に帰郷したのは、住む家などの受け入れ準備を整えるためでもあった。

続いて私も一九四六年四月、母と一緒に、小さな海軍艦艇に乗って帰国したのである。そのときの私は、解放された祖国建設のため、これから大いに献身しようと希望にみち、張り切っていたのはいうまでもない。ところが、それから四か月後、私はぶざまにも日本に再び舞い戻って来たのである。それを今更弁明しても仕方がないが、故郷に帰ってみると、住むに家なく、働くに働くところがないという惨憺たる状況であった。そのうえ、国語も思うように喋れなかった。私はすっかり打ちのめされてしまったのである。苦悩したあげく、この際、日本に行って勉強してから、再び出直そうとそう決心したのである[23]

三　佐世保における援護体制

佐世保は、表3（一八頁参照）から見てもわかるように、博多、仙崎に次いで帰国者数の多い港である。だが、これまで佐世保に関する先行研究は見あたらず、主な資料も、『佐世保引揚援護局史』だけである。わずかに今回、外務省外交史料館の調査により入手した、「朝鮮人輸送計画ニ関スル件」と「引揚邦人収容及鮮人並勤労送還状況報告ノ件」はあるものの、内容のほとんどは『佐世保引揚援護局史』に依拠しなければならない。しかし、佐世保は「計画輸送」による朝鮮人の帰国だけではなく、一九四六年三月頃から増加し始めた「密航者」（以下、括弧を略す）の送還業務も本格的におこなっていく。そこで、密航者も含めた佐世保における朝鮮人の帰国援護事業について見ていく。

一九四五年一〇月二〇日、長崎県は厚生省の指示により、長崎県引揚民事務所を元針尾海兵団構内に設置した。[24]一一月二四日、「地方引揚援護局官制」が公布され、佐世保にも佐世保引揚援護局が設置される。[25]援護局の機構は、局長に長崎県知事が就任し、その下に総務、業務、第一復員部、第二復員部、検疫所の四部門一所が編制された。[26]朝鮮人の帰国業務には、業務部の中の援護課に、その後、さらに送出班を設け、班長以下八名の職員によって援護にあたったとある。[27]

本格的な業務は一二月一日から開始された。だが、すでに業務は始まっていた。例えば、一一月二三日には、各地の炭鉱や工場で働いていた朝鮮人労働者七八三名が佐世保から帰国しており、[28]日本人の外地からの引揚げも、一〇月一四日、済州島より陸軍軍人九、九九七人を上陸させている。[29]

援護局では朝鮮人の帰国について、次のような「一般要綱」[30]を作り、職員は実施していたという。帰国をおこなう際には、舞鶴の収容所と同様に、佐世保でも警官が動員されていたようである。

収容

一、南風崎駅よりの情報（臨時列車到着）により作業員を派遣し、案内世話の準備をする。

一、帰還団の指揮者を通じ人員調査をする。

一、各団体、或は班毎に荷物をまとめ、所要の監督者、使役を残し、他は局宿舎に収容する。

送出

一、連合軍側指定時間までに出発準備を完成し、連合軍監督下に人員の調査をする。

一、女子、子供及荷物はトラックにて浦頭へ護送する。

一、成人男子は百名乃至は二百名を一団として、これに警官二名を随伴させ、徒歩で浦頭へ護送する[31]

一二月に入り、佐世保では朝鮮人を毎日、釜山へ向けて帰国させていたという。[32]当時の様子を、「朝鮮人輸送計画ニ関スル件」（一九四五年一二月一九日付[33]）では、「天候不良ニ基ツク船舶就航不能ニ依リ博多、佐世保、其ノ他ノ帰鮮希望者収容所ハ超満員ノ為混乱ヲ生シツツアリ[34]」と記している。ここから、一二月一八日、一九日の帰国は、天候不良により停止しており[35]、翌二〇日からほぼ毎日、約三、〇〇〇人を帰国させていたことがわかる。[36]

一九四六年一月になると、八、三〇二名、二月は五二五名の帰国船を最後に、朝鮮人の「計画輸送」は終了となっている。[37]

だが、表3（一八頁参照）から見てもわかるように、三月以降も朝鮮人を送り出している。その理由は、密航者の増加によるものである[38]。朝鮮人の密航者は、すでに一九四五年一〇月頃からやってきており、一九四六年三月から四月になると、初めて日本へ渡航してくる者と、一度帰国し、再びやってくる者が混在していたという。その中でも、多くの密航者が上陸する県は、福岡・佐賀・長崎・山口・島根などであった。捕まった者のほとんどは仙崎や博多に送られ収容所に収容され、その一部の者は、そこから朝鮮半島へ向けて送還されたという[39]。

一九四六年七月、日本政府の指示により密航者は、佐世保援護局内の一カ所に収容されることになる。その際に、密航者の扱いについては、警察が監視及び護送にあたり、援護局側は、一般の帰国者と同様の援護をおこなうことになった。これに伴って佐世保では、宿舎、検疫、給食、輸送、隔離などの業務も新たに加わったという[40]。

佐世保では、八月に二、八〇〇人、九月に四、〇〇〇人、一〇月には七、三〇〇人の密航者を送り出し、密航者の収容と送還が主な業務となっていった。以来、毎月数百名の密航者を送り出し、一九四八年六月末までに送還した密航者は、二四、一三八人にのぼるという[41]。

そこで、佐世保では密航者に対して、密航して来るその経路と理由について調査したという。その方法は聞き取りによるものである[42]。

まず、密航者が上陸する場所は、先にも述べたように、山口県、福岡県、長崎県、佐賀県の順となっている。この理由について援護局側は、地理的に朝鮮半島と近く、古来より日本とは機帆船などによって結ばれていた、との見方をしている[43]。航路は次のようであった。

密航し来る経路

蔚山より博多、山口県の北浦方面へ

釜山より山口県の仙崎、北浦方面へ

釜山より長崎、佐賀県の北部海岸へ
麗水より対馬及長崎、佐賀県の北部海岸へ
群山より済州島を経て対馬、五島へ
巨文島より壱岐へ(44)

密航の理由は次のようにまとめている。


終戦後朝鮮人は一般に日本人を軽蔑してきたこと。

朝鮮の経済事情が思わしくないこと。（再渡航或は再三渡航者の言にしたがえば、兎に角朝鮮では喰えぬ、日本に経済的執着がある。密輸出等の計画があるという）

朝鮮に密航者を引受ける闇商売のようなものがある。

日本海岸に上陸して警察に捕えられても、その中の何パーセントかは成功している。

初めて朝鮮から来る者の中には、日本に行けば安易な生活が出来ると云ったようなデマを信じて、なけなしの密航料をまきあげられている者もある。

収容され送還される期間比較的給食が良く、経費は不要だし、罰は別にないので、朝鮮で喰えぬ場合、日本にまだ執着ある場合は密航料を支払ってもなお利益があり、たまたま成功すれば予想外の儲けがあると考えること(45)

こうした理由について援護局側では、今後の援護活動をするにあたり、「彼等の口述によるもので、確定したことではないが、密航者の心理状態を知り得る一つの参考になる」[46]と考えていたようであった。密航者の実状については、第七章と第八章でも見ていく。

以上、佐世保は一九四六年七月以降、本格的な密航者の送還業務をおこなった。これは、他の援護局と異なる点であろう。そして、佐世保引揚援護局は、引揚援護庁告示第一号をもって、一九五〇年五月五日、閉鎖となる。[47]ちなみに、その年の一九五〇年一〇月一日、出入国管理庁設置令に基づき、旧佐世保引揚援護局針尾収容所施設に、密航者を収容するための施設である「針尾入国者収容所」（その後、一九五〇年一二月二八日、針尾より大村へ移転し、「大村入国者収容所」となる）[48]が開設された。

註

（1）前掲、『海外引揚関係史料集成（国内篇）』第四巻、『舞鶴地方引揚援護局史』二六一頁。
（2）崔碩義「私の原体験　大阪・小林町朝鮮部落の思い出」『在日朝鮮人史研究』二〇号、一九九〇年、五七頁、「八、一五解放前後の舞鶴の思い出」『在日朝鮮人史研究』二三号、一九九三年、八三頁などに、帰国当時の状況について記している。また、筆者は二〇〇四年六月一二日、埼玉県川口市、文化センターアリラン（現在は新宿区新大久保に移転）にて聞き取り調査を行った。主な著書は、『放浪の天才詩人金笠』集英社新書、二〇〇一年、『金笠詩選』平凡社東洋文庫、二〇〇三、『在日の原風景』明石書店、二〇〇四年、などである。
（3）前掲『舞鶴地方引揚援護局史』一一頁。
（4）同前。
（5）同前。
（6）同前、一一頁よりまとめたもの。
（7）前掲、「八、一五解放前後の舞鶴の思い出」八〇頁。
（8）前掲『舞鶴地方引揚援護局史』一九頁。
（9）崔前掲、八二頁と聞き取り調査より。
（10）前掲『舞鶴地方引揚援護局史』一二頁。
（11）同前、二五八頁。

(12) 前掲、「朝鮮人送還ニ関スル件」一九四五年一二月一五日付（前掲、『保護引揚関係雑件』に収録）。
(13) 同前。
(14) 同前、「鮮人引揚ノ件」一九四六年一月八日付。
(15) 同前。
(16) 前掲、『舞鶴地方引揚援護局史』二五七頁。
(17) 同前。
(18) 同前、二五八〜二五九頁。
(19) 崔前掲、八二頁と聞き取り調査より。
(20) 前掲、『舞鶴地方引揚援護局史』二五七頁。
(21) 前掲、「朝鮮人送還中止ノ件」一九四六年五月四日付（前掲、『保護引揚関係雑件』に収録）。
(22) 同前。
(23) 崔前掲、八三頁と聞き取り調査より。
(24) 前掲、『海外引揚関係史料集成（国内篇）』第一〇巻、二〇〇二年『佐世保引揚援護局史』一九頁。
(25) 同前。
(26) 同前。
(27) 同前、八八頁。
(28) 同前、六八頁。
(29) 同前、一九頁。
(30) 同前、八九頁。
(31) 同前。
(32) 同前、八六頁。
(33) 前掲、「朝鮮人輸送計画ニ関スル件」一九四五年一二月一九日付（前掲、『保護引揚関係雑件』に収録）。
(34) 同前。
(35) 同前。
(36) 同前、「引揚邦人収容及鮮人竝勤労送還状況報告ノ件」一九四六年一月九日付（前掲、『保護引揚関係雑件』に収録）。
(37) 前掲、『佐世保引揚援護局史』八六頁。
(38) 同前、九一頁。

(39) 同前、八七、九一頁よりまとめたもの。
(40) 同前、八七頁。
(41) 同前。
(42) 同前、九二頁。
(43) 同前。
(44) 同前。
(45) 同前、九三頁。
(46) 同前、九二頁。
(47) 前掲、『引揚げと援護三十年の歩み』、巻末の年表より。
(48) 法務省大村入国者収容所発行『大村入国者収容所二十年史』一九五〇年、一頁。

第六章　大阪における朝鮮人の帰国

第三、四、五章では、送出港とその周辺における帰国者の状況を見てきたが、第六章では、送出港へ送り出す側の地域として、朝鮮人の人口が戦前から日本の中で最も多い大阪を取り上げる。送り出す側の地域ということであれば、第二章の中で高知県によるアンケート調査は見たが、県や民間団体による援護活動や帰国希望調査の実施については、資料の不足もあり、見ることはできなかった。そのため、ここでは、帰国希望登録調査による「計画輸送」（以下、括弧を略す）開始から、朝鮮人の帰国が終了となる一九四六年一二月末までの時期を中心に、とりわけ大阪府が占領下という状況の中で、朝鮮人帰国者へどのような対応をしたのかを見ていきたい。

一　終戦前後の大阪府の状況

終戦直前の大阪府の朝鮮人人口は、内務省が作成したと思われる「内地在住朝鮮人帰鮮希望見込数（昭和二〇年九月二五日）」(1)を基に推定することができる。この中には、「昭和一九年度在住人口数」という項目があり、それによると、全国数一、九一一、三〇七人のうち大阪府は三二一、四八四人と記されており、全国で一番多い。ちなみに、次に多いのは福岡県の一九八、一二六人、次いで兵庫県の一三九、一七九人、そして山口県の一三九、一六四人(2)

となっている。
大阪府の朝鮮人人口が多い理由の一つには、大阪府と済州島を結ぶ阪済航路が一九二三年に就航したことがあげられる。これにより、済州島から大阪府の産業界に出稼ぎ先を求めて、まずは単身で渡り、その後に妻子を呼び寄せ、一家をあげて移住するというパターンが定着し、人口が増加していったといわれている。[3]

日本が一九四五年八月一五日の敗戦を迎えると、日本政府から朝鮮人の帰国について具体的な対応策が出された。一九四五年九月一日、厚生省勤労・健民両局長、内務省管理・警保両局長から都道府県知事宛に出された「朝鮮人集団移入労務者等の緊急措置の件」(警保局発、甲第三号)[4]であった。ここには、労働者を優先的に帰国させること、帰国する者の手荷物は本人が持てる程度の量であること、帰国する者の世話は興生会が中心となり行うことが記されていたことは、[5]既述の通りである。この通牒を受けた約三二万人の朝鮮人をかかえる大阪府では、九月一九日に、次のような見解を示している。

終戦後、帰還を希望するものは全体の約六割、他は今まで通り日本で生活を営む意向とみられ、帰還希望者に対して府当局も政府の方針に副い、極力運輸当局と連絡をとり便宜を計っているが、目下、関釜連絡船が難しいから帰還希望者のうち、軍属、軍関係従事者、徴用者らを第一陣とし、ついで軍需関係の労務者、一般朝鮮出身者の順位で帰還輸送の計画をたてており、一般人の帰還は一一月以降になる[6]

一一月一日になると、GHQから「非日本人の日本よりの帰還に関する件」(SCAPIN・二二四)[7]が出される。主な内容は、日本にいるすべての朝鮮人・台湾人・「琉球人」を政府の負担により本国に帰国させよということである。また、引揚民事務所の混雑を防止するため、新聞・ラジオなども利用せよとある。[8]

一方、送出港の仙崎や博多は帰国を急ぐ一般の朝鮮人も集まり、乗船できない者は自力で帰国するなど、混雑した状況は続いていた。そのため、GHQや日本政府が打ち出した帰国計画通りには進まなかった。ただし、先に述べた大阪府の調査によれば、大阪府の人口の約六割は帰国を希望していたという。

このことは、一九四五年一一月一日を基準日として実施された「昭和二〇年人口調査」(9)を見ると、全国の朝鮮人数一、一五五、五九四人、大阪一〇二、九六一人(10)とあり、先に述べた大阪の「昭和一九年度在住人口数」三二一、四八四人(11)と比較をすれば、終戦直後から一一月にかけて約二〇万人近い朝鮮人が帰国したことになる。よって、大阪府が推測した約六割は帰国を希望しているということとほぼ合致する。すなわち、帰国の手順は日本政府の示す計画通りには進まず、送出港は混雑する一方であったが、この時期に大阪府では予想した数の朝鮮人は帰国したことになる。

この後も日本政府は、これまで以上に計画に則り帰国を進めていくが、その後の帰国者の数を見れば、結果としてはうまくいかなかった。その理由は次項で述べるが、何よりも朝鮮人帰国者の意に沿うような「帰国計画」ではなく、日本政府側の都合による「帰国計画」であったからであろう。その事をよく表しているのが、一九四六年二月一七日付の覚書によって発せられた、帰国希望登録による計画輸送である(12)。

二　大阪府における帰国希望登録調査による「計画輸送」の開始

一九四六年二月一七日、GHQより「朝鮮人・中国人・琉球人および台湾人の登録」(SCAPIN・七四六)(13)の覚書が出された。この覚書については繰り返しになるが、一九四六年三月一八日までに帰国希望の有無を登録すること、登録をしない者や、帰国を希望しないと登録した者は、日本政府の費用による帰国の特権を失うというものである。[14] だが、この指令には本来の帰国を目的とするものとは異なる日本政府の意図が反映されていた。

それは、①過剰人口を減少させることによって、極度の不足に悩む日本の食糧事情の緩和に役立たせること、②戦勝国人として日本の警察権力に従わない中国人・朝鮮人を治安対策として送還してしまうこと、などである。すなわち、日本政府は自国の問題を優先するためにできるだけ多くの朝鮮人を帰国させようとしていたのである。その上、そもそもこの計画輸送は日本政府からGHQに要請したもので、GHQも日本国内の食糧事情や治安維持について深刻な問題として受け止めていたために、日本政府の要請に応えたものであった。[15]

それでは、大阪府はこの計画輸送を開始するための帰国希望登録調査を、この時期にどのようにおこなったのだろうか。ここでは主に、『府参事会議案原議綴』に収録してある臨時予算書を手がかりに見てみよう。

大阪府はこの調査を実施するにあたり、臨時の予算を立て、国に追加申請をしている。名目は、「朝鮮人等登録諸費」として国庫支払金二五、〇〇〇円を申請している。[16] 申請の理由は、「朝鮮人等の送還を活発ならしむる為、連合軍司令部の好意的指令に基き、本年三月内務、厚生、司法省令第一号を以て朝鮮人等の登録令公布実施せられ、之か経費として二五、〇〇〇円、国庫補助交付せらるることなりたるも、要登録人員約一五万人、調査員四千人を要する大調査にして、不足を生ずべきに付き、府費一二、〇〇〇円を附加し、本調査の完璧を期せんとす[17]」るためであった。

追加申請した予算金額二五、〇〇〇円の内訳は、印刷費一二、五〇〇円、申告書・準備調査書などの印刷代・通信運搬費一、五〇〇円、雑費三、〇〇〇円とあり、雑費の内訳は、広告料二、〇〇〇円・諸雑費一、〇〇〇円である。そして、調査員手当八、〇〇〇円とあり、その内訳は調査員四、〇〇〇人、一人当り二円となっている。[18] 予算はその後査定され承認を得たようである。

この申請理由を見ると、「好意的指令に基き」という文言があるが、帰国の実務を担う「府」レベルでも、先に述べたように、本来の帰国を目的とするものとは異なる意図がこの計画輸送に込められていたことがわかる。

さらに、この中で一つ疑問がある。「要登録人員約一五万人」とある。この人員数について、先の一九四五年一一月一日を基準日として実施された「昭和二〇年人口調査」によれば、大阪の朝鮮人人口は一〇二、九六一人となっており、この数字と比べると約五万人多い。この数字は何を基に試算されたのだろうか。それによって調査員の数も変わってくると思われる。

考えられることは、一九四六年に入ると一度、帰国した者が再び日本へやってくるため、こうした人たちの数も要登録人員に入れて見積ったということだろうか。だが、そうだとしても再渡航者についてはその正確な人数を把握することは難しい。ちなみに、『検察月報』[19]によると、一九四六年四月～一二月の間に検挙された朝鮮人再渡航者は一七、七三三人とある。また、次に述べる帰国希望登録調査の結果を見ると、登録者の総数は「昭和二〇年人口調査」時とほとんど変わらない一〇二、二六二人であった。[20]いずれにしてもなぜこれほど多く見積もったのか疑問が残る。

大阪府がおこなった帰国希望登録調査の結果は次のようであった。登録総数は一〇二、二六二人、帰国希望者は九五、一四九人、残留希望者は七、一一三人、この時点で帰国を希望する朝鮮人の比率は九三％であった。[21]この調査結果を見ると、時期はずれるが、前項で述べた一九四五年九月一九日に大阪府が示した、府に在住する朝鮮人全体の約六割は帰国を希望していた、という予想とは異なり、ここではほとんどの朝鮮人は朝鮮半島へ帰国を希望していたことになる。帰国希望が増えた理由は、宮本正明によれば、とりあえず帰国を表明しておかないと、後で帰りたくても帰れなくなるからであるという。[22]そうなると、できるだけ帰国してほしいという日本政府や大阪府側の意図と、大阪の場合ではあるが、朝鮮人の「帰国したい」という希望とは一致していたことになる。しかし、これまでの研究からも明らかなように、計画輸送が開始されると徐々に帰国者は減少し、次にあげる理由から、計画輸送は順調には進まなかった。繰り返しになるが、その主な理由は、南朝鮮におけるコレラの発生や政治情勢の不安定、日本から帰国する際の持ち帰り金額などである。[23]

このことは、大阪府の月別帰国者数からもわかる。例えば、一九四六年三月一八日から三月三一日までに帰国した人数は二、七九八人、四月中は七、五三八人、五月中は九二四人、六月は一日から二〇日までは三四六人とあり、帰国者の数は伸び悩んでいた。これでは先に述べた帰国希望者の比率である九三%には到底達しないだろう。[24]

そこで日本政府は、このような状況に対して次のような対策を立てた。その一つに、各地方において帰国促進会議を開催するよう通牒を出した。例えば、神奈川県のある村役場では、県から一九四六年六月三日付で次のような通牒を受け取っている。その冒頭の部分は「登録調査に基く朝鮮人の計画輸送に付いては夫々御工夫の上、之が効果を期する様御配意中のこととは存じますが、この問題の重要性且つ困難性に鑑み、特に左記の各項を在住朝鮮人に対し充分周知せしめらる様御取計い願います」[25]。

また、鳥取県では、七月三一日に県庁の会議室において、朝鮮人帰国促進会議が開催されたとある。[26]日付が前後するが大阪府では、六月一二日付で大阪府知事宛に厚生省社会局長より「朝鮮人の援護に関する件」[27]が出されていた。その一部には次のように記されている。

内地在住外地同胞の皇民化と保護指導を目的として実施して来た従来の興生事業は、終戦後の新事態に対処し全面的に廃止する事になったのであるが、本年度においても在住朝鮮人の援護に万全を期すると共に、特に帰鮮希望朝鮮人の円滑なる帰還を図り、できうる限り将来の日鮮間の友誼に資するため、朝鮮人援護協議懇談会を開催することとし、之に要する経費として金壱万三千弐百円を国庫より補助する見込みであるから、左記事項に留意して地方の実情に応じ、之が実施に遺憾のないように措置されたい[28]

この通牒により大阪府は、「朝鮮人援護協議懇談会関係計画書」を作成し、七月に一一回、八月に八回、九月に一一回、合計三〇回の会議を開催する計画を立てたようだ[29]。この予算の内訳は次のようである。一回の会議費は八八〇円として見積もり、その内訳は会議費一五〇円、接待費六〇〇円（三〇人、一人当り二〇円）、雑費一三〇円とある[30]。だが、このように計画した三〇回の会議が実際に開催されたのかどうかを確認することはできない。

この他にも大阪府では、計画輸送を促進するために帰国に関する臨時の予算をいくつか計上している。次に二つほど見てみよう。

まず、その内の一つに、「帰還斡旋費[31]」という項目がある。内訳は、会議費二三、六九六円（大阪市と地方事務所八回分、関係出席者二〇六人、一人当り九・五〇円）、公告費八、六八〇円（朝日・毎日・大阪などの新聞広告費）、交通費一二、三五〇円、合計四四、七二六円とある[32]。大阪府は、この予算を計上するための理由は、次のようであると説明している。

　朝鮮人、中華民国人、台湾省民等の送還は連合軍の指令に依り、最も短期間に終了せしめる必要があり、且送還対象者は時局柄其の取扱い最も困難を極めるものであって、直接これ等送還の衝にあたる市区町村長、町会又は部落会長は常に事務打合会を開いて緊密な連絡を計り、彼等の指導的地位に在る有力者とは送還促進懇談会等によって意思の疎通を計り、一般帰還者に対しては新聞広告、ラジオ放送或は宣伝ビラを配布する等、送還計画の周知徹底を期し、計画輸送の迅速円滑なる遂行に資せんとす[33]

この内訳を見ると、警察以外の末端の「町会・部落会」会長や朝鮮人側の有力者にも協力を要請し、できるだけ多くの朝鮮人を帰国させたいという大阪府の思いがよくわかる。

二つ目に、「援護事業費」の中に「生活困難者救助費」として四七、〇〇〇円の予算を計上している。[34] 計上した理由は次のように説明している。

闇市場の発生に伴って闇商人及び之等の使用人として、又非日本人の居住僅少な地方から報復的迫害を受けると言うデマ等におそれをなして、他府県から府下の市郡の集団地区に流入した非日本人は約五、〇〇〇人の見込みであって、之等の者は市内転入禁止のために概ね無籍者である。（中略）悪の発生を未然に防止し、併せて親善の一助としたい。無籍者約五、〇〇〇人の内、真の生活困窮者五〇〇人として一人一〇〇円宛支給せんとす[35]

しかし、実際にどのような方法によってこのような「生活困窮者」を特定し、お金を支給したのだろうか。具体例の調査は今後の課題としたいが、この予算項目が極めて不透明なものであることだけは指摘しておきたい。

大阪府は、計画輸送を促進するために、このような臨時の予算を計上していたものの、その成果はほとんど見られなかったといえる。その上、帰国希望登録者以外の再渡航者の問題も浮上し、それについても取り組んでいかなければならなくなった。そのきっかけとなる通牒は、一九四六年九月五日、軍政部から大阪連絡事務局長経由で大阪府知事宛[36]に出されていた。内容は、「一、昭和二一年九月五日付軍よりの電話通告の指令に応じて朝鮮より内地に密入国したる現在大阪に在住する総ての朝鮮人を朝鮮に送還すべし。二、朝鮮より内地に密入国したる朝鮮人は警護のもとに佐世保に送るべし[37]」。

この通牒により大阪府警察も朝鮮人再渡航者対策に乗り出していく。

三　大阪府による再渡航者対策

一九四六年九月五日、大阪府警察部長は軍政部から出された通牒を受けて、九月一八日、「密入国朝鮮人送還に関する件」を各警察署長宛に出した。[38]この通牒には、「鮮内事情、特に治安と食糧事情は極めて悪化していて、生活の見通しが立たないのと、日本内地では闇によって豊な生活が出来るという浅薄な考えから、一旦帰国した朝鮮人が再び密航して日本内地に舞戻るというが如き実情で、最近に於ける密入国朝鮮人の数は全国一か月約一万人を下らぬという状況であって」と記されていた。[39]

そこで、大阪府警察（以下、警察と略す）でも再渡航者を取り締まり送還することになったという。だが、警察が取り締りと送還をする理由は、こうした再渡航者に限った問題だけではなかったようだ。それは『府参事会議案原議綴』を見ると次のような説明がある。

> 終戦後日本内地に居住する朝鮮人の本国送還については、連合軍最高司令部の覚書に依って、本年三月一八日迄日本に居住する凡ての朝鮮人に対して、本国帰還の希望を調査し、之を登録して本年五月一六日以降、計画輸送による帰国希望者の本国送還を実施し来たのであるが、種々の事情に依り計画輸送に依る送還は全国的に成績振はず、当府に於ける成績も極めて不良で、本年九月一一日迄に一〇二、三六〇名の帰還希望者を送還すべき予定のところ、九月一五日現在における送還者は、僅か三、六一二名に過ぎぬ状況である[40]

この内容から推測すると、警察は再渡航者とともに帰国を希望していながらも、今はしない者も含めて、できるだけ多くの朝鮮人を朝鮮半島へ帰国させようということである。

そこで、警察は計画輸送の実績をあげることも含めて、再渡航者取り締り送還のための費用が必要ということからか、一〇月三日付で警察部長から内務部長宛に「密入国朝鮮人送還警備費」とし、七二八、五四六円を警察費予算に追加申請をしている。[41] その理由の一部は次のようである。

> 然る処、九月五日、大阪軍政部より別紙為《ママ》の通り知事宛強制送還命令がありましたので、別添計画書に基き、一〇月一日より□□□□□□於て、約四千名の密航無籍朝鮮人を送還する事となり、之に随伴する諸経費は既定予算を以てしては到底無理困難でありますので、昭和二一年度追加予算として御提案下さる様御照会致します。[42]

このように警察は予算を追加申請するが、予算は、査定時に要求した金額よりも低い五八八、五四六円となった。[43] 内訳の一部は次のようである。旅費二三八、三〇〇円、その内訳は要送還朝鮮人四、〇〇〇名と見積もり、護送警察官延べ四〇〇名×五〇二円（具体的には朝鮮人一〇名に対して警察官一名の割合。大阪、佐世保間往復三泊四日分、二〇〇、八〇〇円）、事務連絡旅費として三七、五〇〇円。船車借入費として二〇〇、〇〇〇円。雑費として三七、一四六円。印刷費一三、一〇〇円、居住証明書一〇〇、〇〇〇枚×六銭一厘、警告文一〇〇、〇〇〇枚×七銭。第二五師団憲兵隊の同乗並びに同憲兵隊と軍政部との連絡費として一〇〇、〇〇〇円、とある。[44]

また、この追加予算の他にも、日付は前後するが、収容所を設置するために大阪府教育民生部長から内務部長宛に、一〇月二日付で「密入国朝鮮人臨時収容所費」として、二九二、六六九円の追加予算が申請されている。[45] この理由は次のようであった。

最近全国で一か月約一万人を超へ、本府に於いても現在約三千名以上が潜入しているものと予想せられている。又、一方終戦後、北海道及九州の炭鉱地区から朝鮮に引き揚げるべく出発した労務者が帰国しないで、闇市都市を目指して潜入し浮浪している所謂無籍者が府下に約一千名程度潜在している見込みである。（中略）
尚、今回設置せんとする場所は左の通りとす。北区扇町商業学校地下室(46)

ここにある臨時収容所の予算も査定され、臨時収容所の工事はすぐに着工されたと見られ、一〇月一二日には完了したとある。ちなみに、臨時収容所の「密航者」（以下、括弧を略す）収容人員は一〇〇名迄とあり、一日に一〇〇人を延べ三日間収容し、一カ月あたり一、〇〇〇人とする。それを一二〇日かけて全員を朝鮮へ送還するという計画であった(47)。

この臨時収容所の設置理由を見ると、警察は計画輸送の実績を上げるためと、再渡航者の取り締りと送還のためだけにこうした対策を立てたのではなかった。終戦前から日本国内の炭鉱で働いていた朝鮮人の労働者が、終戦後も帰国しないで日本に残留し、その一部の人たちが大阪にも流入するという理由で、こうした人たちも含めての密航者対策であったことがわかる。

以上に見てきたように、大阪府や警察は再渡航者を取り締り、送還するための予算を組み準備を進めるが、同時に「居住証明書」の申請手続きもおこなっている。居住証明書とは、大阪府在住の朝鮮人に、一〇月一日から一五日までの間に、所管の警察署長に世帯主が米穀通帳又は個人金銭通帳などを持参し、居住証明書を交付してもらう。府外に転出する場合にはそれを返納する。すなわち、居住証明書を持っていない者は再渡航者と見なされ、逮捕、そして送還されるということである(48)。

ところが、このように大阪府と警察が先に述べたように「送還朝鮮人数」を四、〇〇〇人と見積もり、その護送に警察官四〇〇人を動員する計画や、朝鮮人を収容するための収容所の建設費などに、これだけの予算をつぎ込んで取り組んだ「朝鮮人密航者対策」は、これまでの研究によれば失敗に終わったといわれている。その理由は、居住証明書の発給の段階で朝鮮人側からの陳情や反対の交渉運動などがあったことによる。その上、いまだ一〇月一日から発給が始まったという記録は見つかっていない。だが、大阪府はその後、居住証明書の見直しをおこない、大阪府と警察の威信にかけてか、一一月三〇日に大阪府令第一〇九号「朝鮮人登録に関する件」を出し、翌一二月一日付で「大阪府朝鮮人登録条例」を制定したのである(49)。

こうして大阪府と警察は居住証明書発給の失敗後、わずか二カ月も経たないうちに、「居住証明書」から「大阪府朝鮮人登録条例」に名を変え制定した。なぜ条例を制定することができたのだろうか。この間に大阪府と警察はどのような対策を立て、しかも「条例」という形をとったのだろうか。その理由を伝える資料を入手することはできなかった。ただし、計画輸送と登録条例を制定したことについて大阪府は、一九四七年二月『知事事務引継書』の中で次のように記している。まず、大阪府における一九四六年の計画輸送の状況から見てみよう。

南朝鮮への帰国希望者の計画輸送による送還は、昨年九月末日を以て完了し、其の後、事故者の送還を二回実施したのを最後として、南部朝鮮への送還は全く完了した。(中略)今後は不法入国者又は国外追放処分を受けた者の強制送還以外は、送還を行わない方針である(50)

登録条例については次のように記されている。

当府では、密入国朝鮮人を調査する唯一の手段として、昨年末以来、朝鮮人登録制を実施し、正当に居住する世帯主及び一六歳以上の男子には、一定の登録証を所持せしめ、之によって密入国朝鮮人を調査しているが、実施以来、密入国者の検挙に多大の効果を収めている。本年二月一〇日を以て、登録証の発給を完了したが、世帯主票に於て二六、七三五票、個人票に於て一三、六五一票を交付し、之によって在住朝鮮人の実態を完全に把握することが出来たのである。折々朝鮮人の登録制は当府が立案計画したものであって、在阪進駐軍当局の諒解を得、且つ絶対的支持を得て施したものであるが、他の府県は朝鮮人団体の猛烈な反対に逢い、その実施を見合わしている実情であり、内務省としても当府制度を支持しているものの、今之を全国的に実施する意図は現在のところ無いようである[51]

大阪府と大阪府警察は計画輸送について、一九四六年九月頃から計画輸送の成果は上がらず、帰国者はほとんどいなかったという事実には触れないで、しかも一九四六年九月末には完了したと報告している。また、居住証明書発給についても、その失敗には触れずに、大阪府が自ら考案したという登録条例施行の「成功」と「成果」を強調していた。さらにいえば、この『知事事務引継書』が出された直後の一九四七年五月には、「外国人登録令」が公布施行されている[52]。ここから見る限りでは、このことはＧＨＱや日本政府から府レベルには知らされていなかったということか、それとも、知りつつも知らないふりをして自らの「成功」を記したかったのだろうか。いずれにしても、大阪府と大阪府警察は、朝鮮人の帰国に関するいくつもの予算を計上し、取り組んできた以上は「成功」させなければならない事情があったことは確かである。

以上、大阪府と大阪府警察による帰国希望登録調査による計画輸送を中心に、その実施過程を、実態に即して分析してみた。大阪府という一地方を事例に見た限りではあるが、帰国を実施する「現場」でも、日本政府の帰国政策と同様に、帰国者側の意向を汲んだ帰国ではなかったことがわかった。

また、大阪府は他の地域では見られない「大阪府朝鮮人登録条例」を再渡航者の問題とからめて、朝鮮人の帰国終了間際の一九四六年一二月一日に施行している。これについても再確認することができた。

註

(1)「内地在住朝鮮人帰鮮希望見込数（昭和二〇年九月二五日）」（前掲、『保護引揚関係雑件』に収録）。
(2)同前。
(3)梁永厚『戦後・大阪の朝鮮人運動一九四五―一九六五』未来社、一九八四年、一〇頁。
(4)前掲、『鳥取県綴』に収録。
(5)同前。「興生会」については、「二、下関について」の項で述べた。
(6)同前。
(7)同前。
(8)同前。この資料にある「琉球」とは沖縄のことである。
(9)前掲、金英達「資料一、解放直後の人口調査による都道府県別在日朝鮮人数」『在日朝鮮人史研究』第二五号、一九九五年、一二三頁。
(10)同前。
(11)前掲、『保護引揚関係雑件』。本来ならば、一九四四年から一九四五年の敗戦にかけては、大阪では空襲やそれによる疎開もあり人口は変動しているものと思われ比較できる数字ではないだろう。
(12)前掲、『鳥取県綴』に収録。
(13)同前。
(14)同前。
(15)前掲、宮崎「占領初期における米軍の在日朝鮮人政策―日本政府の対応とともに―」一三二～一三三頁。前掲、『昭和二十年九月、昭和二十年人口調査に関する綴、神津村役場』。この綴りの中にある武庫川地方事務所長より各町村長宛「朝鮮人、中華民国人、本島人及本籍ヲ北緯三十度以南（ロノ島ヲ含ム）ノ鹿児島県又沖縄県ニ有スル者ノ登録令ニ関スル件」「神津村」は、現在の兵庫県伊丹市である。これらからまとめた。

(16)『府参事会議案原議綴』議事課、昭和二一年三月。大阪府文書館所蔵。
(17)同前。
(18)同前。
(19)『検察月報　第一二号』昭和二五年。
(20)前掲、『府参事会議案原議綴』議事課、昭和二一年三月。
(21)同前。
(22)前掲、宮本「在日朝鮮人の「帰国」――一九四五～四六年を中心として」六三頁。
(23)例えば、前掲、『在日朝鮮人処遇の推移と現状』六〇～六一頁。当時の持ち帰り金額は一人一、〇〇〇円であった。
(24)前掲、『鳥取県綴』に収録。
(25)前掲、『朝鮮人帰国に関する書類』一九四六年。
(26)前掲、『鳥取県綴』に収録。
(27)前掲『府参事会議案原議綴』議事課、昭和二一年八、九、一〇月。
(28)同前。
(29)同前。
(30)同前。
(31)同前、一九四六年八月一九日付。
(32)同前。
(33)同前。
(34)同前。
(35)同前。
(36)同前、昭和二一年一一月。
(37)同前。
(38)同前。
(39)同前。
(40)同前。
(41)同前。
(42)同前。

(43) 同前。
(44) 同前。ちなみに、第二五師団憲兵隊の同並びに同憲兵隊と軍政部との連絡費として一〇〇、〇〇〇円とあるが、査定の前はその二倍の金額で申請していた。これについても疑問が残る。今後、解明していきたい。
(45) 同前。
(46) 同前。
(47) 同前。
(48) 同前。
(49) 前掲、梁永厚「大阪府朝鮮人登録条例制定（一九四六）の顛末について」、文公輝「占領期・大阪府と在日朝鮮人―占領期の強制送還事業と朝鮮人登録を中心に―」などの研究の中でいわれている。また、「大阪府朝鮮人登録条例」についての詳細は、当時の官報から確認できる。
(50) 『知事事務引継書』一九四七年二月。大阪府文書館所蔵。
(51) 同前。
(52) 前掲、『在日朝鮮人処遇の推移と現状』七九～八四頁。これより簡単にまとめると次のようである。一九四六年四月二日、総司令部は、日本に入国を許可された外国人を登録して、身分証明書、その他日本国内居住を合法化するに必要な書類を交付するよう指示し、これに基づいて一九四七年五月二日に勅令第二〇七号として外国人登録令が公布施行された。「外国人登録令」について付け加えれば、前掲、『保護引揚関係雑件』に収録されている文書類の中に、「第六　非日本人の送還（自昭和二一年一〇月至同一二月　執務報告管理部国内課）」、二、外国人の入国と登録、（二）「外国人登録令」の検討、という項目がある。この文書は手書きで外務省の刻印が押されている用紙に書かれている。

第七章　南朝鮮における朝鮮米軍政庁の帰国者受入政策

前章の大阪における朝鮮人帰国者の対応を見た中で、大阪府や警察は、それまでの帰国業務をおこなう傍ら、一九四六年九月五日に軍政部から出された通牒を機に、再渡航者の取り締まりもおこなっていたことは確認した。再渡航者として捕まった者は、大阪から佐世保へ送られ、送還させられるまでの間は収容所に留め置かれた。

本章では、南朝鮮における帰国者の受け入れ状況を中心に、合わせて再渡航者についても見ていこう。

一　朝鮮米軍進駐以前の南朝鮮における帰国者受入状況

終戦直後の南朝鮮の状況は、住宅不足・食糧不足[1]・コレラ・鉄道ストライキなどにより厳しいものであったことは確認した。これらの中でも、住宅不足や食糧不足の理由の一つとして考えられることは、朝鮮半島には、日本にいた朝鮮人の帰国だけではなく、満洲、華北、ソ連（これらの地域のすべての者が帰国したわけではないが）より帰国した朝鮮人もいたことによる[2]。もちろん、朝鮮半島にいた日本人は日本へ引揚げたが、日本人の引揚げ者の数よりも、朝鮮半島へ帰国した朝鮮人の数は多かったといわれている[3]。

南朝鮮では、一九四五年九月八日、朝鮮総督府にかわり日本の占領政策である間接統治とは異なり、ホッジ中将率いる第二四軍団が、第七師団、第四〇師団、第六師団を率いて仁川に上陸し、三八度線以南は朝鮮米軍政庁による直接統治となった。(4) これにより、朝鮮米軍政庁が日本人の引揚げとともに、日本から帰国した朝鮮人の受け入れもおこなっていく。

それでは、このような状況下の南朝鮮では、日本から帰国する朝鮮人に対して、支援や援護などはどのようであったのだろうか。また、朝鮮米軍政庁による帰国者受入政策はどうなっていたのだろうか。U.S. Army Military Government in Korea(5)(以下、「ＵＳＡＭＧＫ」と略す)というタイトルの英文資料の中には、終戦直後の南朝鮮における朝鮮人帰国の報告書(英文タイトルは「KOREAN REPATRIATION」)がある。この報告書は、これまでの研究(6)の中では一部の引用は見られるものの、あまり活用されてはいない。したがって、できるだけ活用し、当時の「現場」の状況を見ていきたい。

森田芳夫、長田かな子『朝鮮終戦の記録　資料篇』第一巻に収録している、「阿部朝鮮総督府上奏書」の「三、戦災其の他の内鮮人引揚者の措置」の項目の中で、「又内地より鮮内に帰還する応徴者其の他の朝鮮人に対しては、「朝鮮勤労動員援護会」をして救護に当らしめ来れり(7)」という記述がある。また、一九四五年八月二七日、朝鮮総督府は「終戦事務処理本部」を設け、総務・折衝・整理・保護の四部制を設置し、その中の「保護部」を朝鮮人の帰国の支援にあてた。(8) この保護部の下には、総務班・指導班・給与班・警備班・宿営班・衛生班・輸送班が設けられ、これらの班のすべての班長には、元総督府の課長級の者が就いたという。(9) そして、列車や船に乗る者の統制と避難民収容所の運営をおこなった(10)と記されている。

こうした朝鮮人の援護費用に関しては、「日本より朝鮮に帰来すべき朝鮮人労務者等の保護についても、同様、国庫補助金を支出せり(11)」、との記述があり、日本政府側が朝鮮人帰国者の援護費用の一部を負担したものと思われる。

「労務者等の保護」については、第一章の「二　終戦に伴う日本政府の政策と対応」で述べたが、日本から帰国した朝鮮人労働者から、朝鮮総督府に対して抗議があがっていたことと、関連があるのかどうかについては確認することはできなかった。その後、保護部は、一九四五年九月下旬、朝鮮米軍政庁に帰国業務が移管されたことで解消した。ただし、保護部の下部組織として作られていた京城と釜山の案内所は残り、日本人の援護と送還業務を京城日本人世話会と共同でおこなった。[12] しかし、釜山案内所は一九四五年一〇月はじめ、京城案内所は一九四五年一二月はじめまで存続したが、その後は解消した。[13]

それでは、日本の送出港では終戦直後から朝鮮人帰国者に対して、朝鮮人団体による支援がおこなわれていたが、南朝鮮ではどうだったのだろうか。

『京城日報』（一九四五年九月八日付）によれば、「在外朝鮮人のため罹災援護会を組織」との見出しで、在外罹災同胞援護会が組織され、帰国者の援助をおこなうことになったと記されている。[14] こうした帰国に関連する新聞記事について宋恵媛は、「解放直後からしばらくの間、在日朝鮮人関連の記事は南朝鮮への帰還に関するものに集中している。特に初期は中国その他の地域からの帰還者とともに「戦災同胞」として扱われた」[15] という。また宋は、南朝鮮内における「戦災同胞」の救済機関は、「朝鮮在外戦災同胞救済会、朝鮮人民援護会、救恤同盟、在外罹災同胞援護会など各種社会事業機関の救済部が存在し、軍政庁でも支援が行われていた」[16] という。これらの組織についての具体的な活動内容はわからない。だが、「朝鮮在外戦災同胞救済会」については、『朝鮮人民報』[17] に、「同胞救済第二船団編成」との見出しで、下関に治療班四名を派遣した、という記事により活動内容の一部を確認できる。このように民間団体の中には、南朝鮮内の支援活動以外にも、日本の送出港で帰国を待つ朝鮮人に対しても支援をおこなっていたことがわかる。

それでは、南朝鮮にホッジ率いる第二四軍団が到着した後の朝鮮人帰国者に対する支援や援護はどのようになっていくのだろうか。先ず、朝鮮米軍政庁の帰国者受入担当部署が成立するまでの状況を見てみよう。

二　朝鮮米軍政庁帰国者受入担当部署と外事局設立に至る経緯

南朝鮮における朝鮮人の帰国受入政策は日本人の引揚げとあわせて、「朝鮮米軍政庁外事局戦災者班」（以下、外事局と略す）[18]が担当をすることになった。その開始は一九四五年九月二三日となっている。それでは外事局が設立される以前はどうだったのだろうか。朝鮮勤労動員援護会や保護部が、日本人の引揚げと朝鮮人の受入をおこなったことは確認した。その後については「ＵＳＡＭＧＫ」の序説によると次のようであるという。

一九四五年九月、第二四軍団が朝鮮半島へ上陸したことで、米軍政庁企画課が保護部から日本人の引揚げと朝鮮人の帰国を引き継いだ。これにより米軍政庁企画課は、戦災者労働者救済会という作業名により引揚げ試案を作成した。この引揚げ試案は第一号とされ、題は「難民および戦争避難民に対する企画」というものであった。しかし、この引揚げ試案第一号は、戦災者労働者救済会側と朝鮮米軍政庁中央側との調整がうまくいかず、十分に機能できずに効果はあがらなかった。そこで軍政長官Ａ・Ｖ・アーノルド少将の指令により、引揚げ問題は軍政庁外事局に移管された[19]。外事局に移管されたこの時に、この引揚げ試案第一号は引き継がれたという。

ちなみに、この引揚げ試案第一号の内容は次のとおりである。①本部を京城の軍政庁舎に置く、②支部すなわち管理拠点は京城・大田・大邱・釜山に置く、③軍政庁代表を日本に駐在させて朝鮮人の帰国の世話をする、④輸送にともなう宿舎、食料、装備は支部の責任とし、それに必要な経費は国家予算から支出する、⑤京城の本部は、毎日支部と連絡をとり、輸送に関する支部の要請と軍政庁交通局（後に輸送部となるが、その正式な日付はわからない）との間を調整する、⑥釜山港に上陸する朝鮮人戦災者については、港管理官を釜山に駐在させ、帰国してくる朝鮮人の宿舎、食料、輸送などの世話をさせる、[20]などである。これにより外事局は、引揚げ試案第一号を基本として、朝鮮人帰国者受入担当部署（日本人の引揚げも含めて）となり、帰国者の支援や援護を実施していくのである。

次に、外事局の初期の活動について見てみよう。

三　外事局の初期の活動

朝鮮米軍政庁本部は、一九四五年九月二〇日付で軍政庁の機構を発表した。その中の外事局の項目を見ると、次のように記されている。

（ロ）外事局
外事局は在外朝鮮人に関する事項の処理、三八度以南の朝鮮に於ける外国領事館との連絡、並に公式の儀式の施行に当るものとす。現在は北京及新京に派遣員事務所を開設中なり。朝鮮政府内に在る当該諸機関と在外派遣員事務所との間に於ける関連諸事項を調整し、鮮内居住外交官に対しては朝鮮政府を代表し、又必要ある場合、在外朝鮮人問題を処理する。[21]

先に述べたが、外事局に「引揚問題」（以下、括弧を略す）が移管されると、ゴールドン・B・エンダース少佐は、ウィリアム・J・ゲーン中尉に引揚問題の検討を命じた。これにより、ゲーン中尉は、引揚問題を検討し調査をおこない、その調査結果に基づいて、次のような内容の方針を発表した。[22]

一、軍政庁による組織的管理が必要である。
二、日本人の引揚げとそれに伴う処置は日本人の諸団体の手で行われつつある。
三、日本人が日本人引揚げのために作った現存の組織は、たとえそれが日本人の行政権を残存させることになっても、最大限に利用しなければならない。
四、朝鮮人の引揚と救済を援助するには、統一的な朝鮮人団体を創設する必要がある。なぜならば、いくつかの朝鮮人の小団体があったが、非能率で、お互いに勢力争いをしていたからである。保健厚生局がまだ戦時救済活動を受け持っていなかったため、その局がなすべき仕事が外事課の仕事になった。
五、交通局と保健厚生局防疫課と外事課の間を調整する方式が必要である。
六、ゴードン・B・エンダース少佐が作成した当初の案に基づいて、在朝鮮米軍政庁の立てた引揚計画は一九四五年九月二三日に開始される。(23)

この他にも外事局は、「一般方針」として日本人の引揚げについては、一九四五年一〇月一日までに状況の把握をするという。例えば、朝鮮にいる日本人の所在と、朝鮮外にいる朝鮮人の集中地域を明らかにするということである。この報告により（推定であるが）、朝鮮半島からは八五万人の日本人の引揚げ者を、また、華北および満洲からは、一三〇万人の日本人の引揚げ者を日本に送還しなければならなかったという。(24)

以上のように、外事局はこれだけの規模の引揚げ作業をおこなうにあたり、軍政庁のすべての機関が協力しなければ不可能である。そのため、引揚げ政策の立案を、一九四五年一一月一日までには、引揚げの各段階に応じた作業手続きを定めるとした。(25) ここにある「一九四五年一一月一日」という日付は、第一章で述べたＧＨＱから日本政府に対して、帰国に関する具体的な覚書がはじめて出された日付と同じである。ＧＨＱは、日本と南朝鮮の「引揚げ」に関する政策を連動しておこなうとしていたのだろうか。

また、「作業手続き」については、具体的にはどのような内容なのかはわからないが、実際に、引揚げ作業に関与する様々な機関を調整する責任は、外事局に付与されたという[26]。

四　外事局による朝鮮人帰国者の援護活動

①　釜山港における帰国者受入の状況

釜山港における終戦直後の朝鮮人帰国者の援護は、前述した保護部によりおこなわれていた。だが、保護部は日本人の引揚げを主におこなっていたこともあり、朝鮮人帰国者については、釜山港に到着した朝鮮人を各列車に送り込む作業だけを実施していた[27]。そして保護部は、九月二〇日までの間に、九三、四〇〇人の朝鮮人帰国者を列車に送り込んだという[28]。

それでは、釜山港における保護部以外による帰国者への援護はなかったのだろうか。「ＵＳＡＭＧＫ」によると、外事局が釜山港で帰国者に対して援護活動を開始する前は、「入国してくる朝鮮人に目が向けられることはほとんどなかった[29]」と記されている。この時期の釜山港では、帰国者にはほとんど援護はおこなわれていなかったと見られる。

それでは、外事局による援護活動はいつ頃から開始されたのだろうか。例えば、「朝鮮の状況報告」（朝鮮軍報道部長、長屋尚作、一九四五年一一月[30]）という文書がある。この「朝鮮の状況報告」によれば、九月一六日から釜山に、「朝鮮米軍司令部第四〇師団」が逐次進駐したという。[31] この第四〇師団により、「日本軍隊の内地送還に関しては、北緯三八度以南に在りては九月下旬より輸送を開始[32]」した。「輸送は、米軍艦船を使用、又、木浦、麗水港を使用する如く、米軍に於て考慮しあるも、一応釜山港とし、一般連絡船、及増加配船せる船舶を利用することとなれり」。輸送の開始は、一九四五年九月二七日とする[33]、と記述されている。

この内容は日本軍に限ってのことではあるが、朝鮮人帰国者も同じ釜山港を利用することを考えれば、外事局による釜山港における援護活動の開始は、おそらく九月下旬以降と推測される。そうであるとすれば、次にあげる外事局による援護活動は日付の記載はないが、一九四五年九月末以降に実施されたものと見られる。

「USAMGK」によれば、釜山港における朝鮮人帰国者への支援や援護が開始されたきっかけは、外事局の連絡担当官であるマーチンJ・ロス中尉が、釜山港第一埠頭近くの倉庫を、一時的な収容・対応センターの施設として使用する計画書を軍政庁へ提出したことであった。[34] この計画書の提出により、軍政庁は倉庫を朝鮮人帰国者の施設として利用する許可を出し、同時に、釜山にある五つの朝鮮人団体からなる連合会を結成したという。[35]

この五つの朝鮮人団体は、外事局から次のような任務が割り当てられた。

一、Christian Relief Society（キリスト教救済協会）

会長：Kim Hung Sung

任務：朝鮮人への食糧の供給と施設への案内

二、Korean War Sufferers Abroad Relief Union（在外朝鮮人戦争被害者救済連）

会長：Kim Dong Sung

任務：一般総務

三、Korean Abroad War Damage Society（在外朝鮮人戦争被害協会）
　会長：Eang Su Un
　任務：予防接種、シラミ除去、病院への収容
四、Returning Brethren Protective Association（帰還同胞者保護協会）
　会長：Cho In Chi
　任務：輸送
五、Christian Benevolent Society（キリスト教慈善協会）
　会長：Youn Chung Snn
　任務：釜山社会福祉事業団の運営[36]。

それでは次に、帰国者が下船し「入国[37]」の手続きをするまでの流れを見ていこう。「ＵＳＡＭＧＫ」によれば、まず、入港したすべての公認された船舶は、到着すると第一埠頭に朝鮮人を下船させた。ここで朝鮮人帰国者は、帰国担当者の米軍職員と現地の朝鮮人福祉団体の職員で構成される、ガイドグループに出迎えられた。その後、百人ごとのグループに分けられ、埠頭から受付施設へと徒歩で移動させられた。必要であれば、小型トラックや、その他の車輌を船の近くまで乗り入れ、重い荷物を受付施設まで運ぶことは許されていたという[38]。

朝鮮人の受付施設に関しては、エリア五とエリア六と呼ばれる施設を使用し、そこでＤＤＴ散布を受け、一人当たり五〇〇円の日本通貨を朝鮮通貨に換金してもらうことができた。外貨交換の窓口は、午前九時から午後五時まででとされていた。午後五時以降に下船した朝鮮人は、換金することはできなかった。ただし、午後五時以降に到着する朝鮮人に対しては、釜山の朝鮮人団体によって「勘定書」が発行され、その勘定書を釜山の銀行に持ち込めば

そこで換金することができたという。ところが、朝鮮人団体がこの勘定書を公式に認められていない船舶で帰国した者や、日本円の不法換金に携わっていた者たちにも発行していた事実が発覚したために、軍政庁の財務部はこの手続きを無効にしたという。[39] 帰国者は、以上の手続きを終えた後、再度人数の確認を受け、帰国する目的地別に分けられ、希望の目的地の鉄道乗車券を渡され、各地に向けた列車に乗せられたという。[40] しかし、外事局による、釜山港における援護活動はこの計画通りには進まなかったと見られる。その理由は、九月二〇日頃から、日本より帰国する朝鮮人の数が急激に増加した。[41] それにより「釜山港にも多くの帰国者が滞留しはじめ、鉄道の乗車券を手に入れることができず、そこに残って救済団体に頼って生活していく者もいた。そうなると、港の状況は劣悪な過密状態を生み、深刻な健康被害を引き起こし、帰国事業の妨げとなる」[42]。また、「無認可の船舶の下船もあり、発見された朝鮮人たちはすべて施設に連れていかれ、同じような手続きを受けた。さらに彼らは、腸チフスと天然痘の予防接種を受けた」[43]。新聞記事の見出しからも、「釜山滞留者二万　われ先の引揚は禁物」[44]とあり、釜山港の混雑した様子がわかる。

その上、『朝鮮終戦の記録　資料篇第二巻』に収録されている、「五、終戦前後の釜山地方交通局」（釜山地方交通局長、田辺多聞）によれば、「九月二九日、昨夜釜山発京城行第一列車が今晩一時過、大邱駅に停車中、続行の内地よりの帰還朝鮮人輸送列車第六五列車が追突、第一列車の後部車両数両は重なり合って大破、死者七〇名、重軽傷者八〇名に上る」[45]、朝鮮鉄道始まって以来の大事故が発生した。この事故は新聞でも、「大邱駅構内で列車追突　死傷者一七〇名を出す」[46]との見出し記事で報じられており確認できる。

以上見たように釜山港の状況は、日本の博多港や仙崎港と同様に、多数の滞留者がおり混雑していたことが想像できる。そのことは、第一章の三の「②軍人・軍属の帰国」でも述べたが、筆者が聞取りをした黄氏によっても、一九四五年九月はじめの釜山の埠頭には、大勢の日本人が引揚げを待ち混雑していたと証言をしている。[47]

釜山港は以上に見たような状況であったが、外事局は一九四五年一二月末以降の帰国者に対する援護活動の大部分を朝鮮人団体組織に移行する計画を立てた。具体的には、紙幣の換金を除く、ＤＤＴ散布、予防接種、目的地別輸送の準備など、すべての手続きを朝鮮人の手によって施設内でおこなわれるように計画を立てた。[48]

最後に、釜山港へ入港してくる船舶の予想到着時刻についてである。日本から朝鮮人帰国者を乗せて、釜山港へ入港してくる船舶の予想到着時刻については、「日本船舶運営会」から、南朝鮮の港湾責任者へ事前に知らされるようになったという。[49] それは、外事局が独自に港に連絡員を置いたために、船舶の入港予定時間を入手することができるようになったことからである。[50] それ以前の一九四五年一〇月と一一月のあいだは、船舶入港を知らせる通信施設がうまく機能しなかったことと、入港予定時刻の通報が、第二四軍団と第四〇師団所属部隊にだけ送られ、外事局には知らされなかったことがたびたびあり、そのことで遅延事故も何度か起きたという。[51]

ちなみに、引揚輸送の船舶を統制していたのは、「日本船舶運営会」（以下、「運営会」と略す）であり、運営会は、米海軍とＧＨＱの双方の支配のもとで日本商船全体を統制していた。そのため運営会は、引揚げ遂行のために一定の船舶を割り当て、朝鮮人の入国港である釜山港へも、一定の時間表に従って入港させていたという。[52]

②　群山港における帰国者受入の状況

群山港は、「ＵＳＡＭＧＫ」によれば、「その深度、水路の性質、接岸施設等の関係からＬＳＴだけしか群山港を利用できなかった」[53]という。そのためか、群山港が引揚げ港として初めて使用されたのは、一九四五年一一月に入ってからだと思われる。[54] 群山港における帰国者の救護活動は、「ＵＳＡＭＧＫ」でも、いつから開始されたのかはっきりした記述はない。しかし、援護活動の内容については記されているので見てみよう。

「ＵＳＡＭＧＫ」によると、「到着した朝鮮人らは、青年協会からの二〇名のスタッフの指示で下船し、医療検査に使われている倉庫に設けられた手続本部に連れて行かれた」[55]という。「手続本部」が置かれていた倉庫には、医師一名と看護婦四名がおり、帰国者が本部にいる間は、一晩中彼らは倉庫に詰めていたようであった。[56]その他には、「一二名の処理係が受け入れ手続きをする中で、帰国者の人数を数えたり、指示したり、兵士や医療スタッフを補佐していた」[57]。

「処理係」は、「市」[58]の職員や現地の救済団体のメンバーであった。DDT散布班は、兵士五名と青年協会のメンバー一〇名から構成され、下船した帰国者たちすべてに手荷物も含めてDDTの散布を行った。[59]その後、「医師らが腸チフスと天然痘の予防接種を行い、帰還者らは列に並ばされ、一二名の両替商と六名のアシスタントの一団によって持っていた紙幣を換金した」[60]。また、帰国者の中で食糧を持参していない者や、帰国先がすぐに見つからない者には、「朝鮮人救済団体」が食糧とシェルターを提供したという。[61]

その後帰国者は、「入国」の手続きが完了すると、八名の担当者が釜山港でおこなわれたことと同様に、帰国者へ鉄道乗車券を発券した。乗車券を渡された帰国者は、青年協会所属の担当者三〇名の監視の下で、事前に決められた列車に乗せられて目的地に帰った。ちなみに木浦港と仁川港でも、この群山港と同様な手続きで目的地へ向けて帰ったという。[62]しかし、郡山港でも先に見た釜山港の場合と同様に、外事局が立てた計画通りに実施されたとは思えない。

五　外事局による再渡航者対策

港における外事局の活動は、帰国者の援護活動だけではない。外事局は公式船以外に入港した船舶や、再渡航者の取り締まりや調査もおこなっていた。

一九四六年二月一九日、朝鮮米軍政庁は法令四九号、「朝鮮に入国または出国者の移動の管理および記録に関する件」により、朝鮮人の移動を制限した。(63)日本でも、一九四六年三月一六日付、「引揚」（SCAPIN・八二二）によってGHQは「本国に引揚げた非日本人は、連合軍最高司令官の許可がないかぎり、商業交通の可能となるまで日本に帰国することは許されない」(64)としていた。だが、このような法律が規定される日付以前の段階でも、すでに外事局は「不法な船舶」の取り締まりをおこなっていた。(65)

例えば、「USAMGK」の中に収録されている、一九四五年一〇月一九日付、外事局戦災者班報告第二号、「引揚の現況」と、この文書とは時期が異なるが、一九四六年一月一八日付、外事局報告「引揚問題に関する意見」(66)という報告書がある。これらの報告書には再渡航に関する記述がある。「引揚問題に関する意見」によれば、朝鮮人は、「この方面で不許可の港から入国した。そうした朝鮮人は多額の日本通貨を持ち込んでいた。朝鮮の銀行は日本円の交換を許されていなかったので、これらの通貨は闇市場でしか交換できなかった。朝鮮人は逮捕されることなく、こうして旅行したので、予防注射などの防疫処置を受けなかった。保健衛生上の重大問題であった」(67)と記されている。

そこで外事局は、「不法な船舶」の輸送を阻止するために、次のような措置をとったという。①米軍駆逐艦によるパトロール、②朝鮮の海岸警備隊によるパトロール、③港湾管理当局による厳重な監視などである。(68)外事局は、海運課より報告を受け、これら①〜③の措置をすることにより、合計四二隻の不法輸送船が、一九四六年一月までに拿捕され没収されたという。(69)また、「引揚問題に関する意見」には、次に記した「不法な船舶」による、朝鮮人や日本人の被害状況に関する事例が報告されている。

不許可船舶で航海した朝鮮人と日本人は、海賊の餌食になった。小船の船長が、朝鮮人や日本人を積み込んで出航する。そこで、略奪し、海に投げこむ。そしてまた、新しい犠牲者を積み込むために港へと帰って来る。こうした事例が数多く報道されている。引揚者に加えられた犯罪は、不許可船舶に乗った者に対してだけではなかった。第四〇師団が摘発した事例では、北鮮丸の船長と乗組員が、朝鮮人から金を巻きあげていた。[70]

ここに記されたように、南朝鮮で摘発された者が、その後、具体的にどのような扱いを受けたのかわからないが、例えば、「密入国をした船舶の乗組員と乗客、船主または経営者は、朝鮮では無許可で出国ないしは密輸をした罪で、適切な法廷で裁かれた」[71]ケースもあったという。だが、一九四六年の「年末までに朝鮮人二万二〇〇〇人以上が、日本への密入国者として指名手配され、そのうち一万四〇〇〇人以上は、一一月までに送還された」[72]。しかし、「夏と秋の間、逮捕される朝鮮人の数が着実に増え続けたため、朝鮮の裁判所の負担が大きくなり、よって八月には、密入国を企てて捕まったのちに、強制退去させられた朝鮮人は、もはや裁判にはかけないことにした。ただし乗組員と操船者、船主だけは裁かれた」[73]。

これは、南朝鮮の刑務所で受け入れる数に限りがあり、その上限を超えないようにするためであったといわれている。[74] ここから、南朝鮮から日本へ再渡航し捕まった者は日本から強制送還されていたことがわかる。

註

(1) 例えば、食糧や燃料不足については、「治安情報綴（朝鮮）」（朝鮮憲兵隊司令部、一九四五年八月一五日～八月二九日、防衛庁防衛研修所図書館蔵）の中で、「目下京城及釜山両都市は輸送機関不足と予想せる満洲穀類到着せざる為、食糧は極度に逼迫しあり。又鉄道用石炭は北鮮及満洲炭期待のもの到着せず。南鮮では生産なき為、保有量千日分を出て、又食糧と鉄道用石炭の確保並に之か輸送は、今後の治安維持上重大なる影響ありと思考す」との記述がある。

(2) 例えば、『朝鮮経済年報』（一九四八年版、三三二～三三三頁）によれば、一九四五年九月～一九四八年一月までに南朝鮮へ移動した朝鮮人は、北朝鮮から来た者八〇三、四三四人、満洲から来た者五八、一五四人、日本から来た者一、一一一、一〇四人、中国から来た者五八、一四三人、その他太平洋地域から来た者三七、一二九人とある。ちなみに、南朝鮮から「退去」した日本人は、日本軍人一七九、二七三人、日本市民七〇四、三五一人とある。終戦直後の南朝鮮の住宅や人口問題、ソウル市内の状況については、金太基『戦後日本政治と在日朝鮮人問題』勁草書房、一九九七年、李淵植「解放直後海外同胞の帰還と米軍政の政策」ソウル市立大学修士論文、一九九八年、李淵植「解放直後のソウル地域の住宅不足問題研究―流入人口の増加と関連して（一九四五～一九四八年）―」『ソウル学研究』、二〇〇一年三月、宋恵媛「南朝鮮の新聞に見る在日朝鮮人―一九四五～一九五〇年」『在日朝鮮人史研究』三三号、二〇〇三年、などの先行研究の中でも一部論じられている。

（3）同前。ちなみに、森田芳夫によれば（森田芳夫『数字が語る在日韓国・朝鮮人の歴史』明石書店、一九九六年、一七頁）、朝鮮人の人口は、日本統治の開始された一九一〇年末に、一、三〇〇万人であったが、終戦時には、三、〇〇〇万人近い数に達していたという。内訳として、一九四四年五月には朝鮮内朝鮮人約二、五〇〇万人、同年末在日朝鮮人約二〇〇万人、満洲・華北約二〇〇万人、ソ連約一〇万人であった。ただし、これらすべての朝鮮人が朝鮮半島へ帰国したというわけではない。ちなみに、森田によれば（森田芳夫『朝鮮終戦の記録』、巌南堂、一九六四年、三六七頁）、朝鮮半島から日本に引揚た日本人の人数は、一九四五年八月～一二月までに、四六九、七六四人であるという。

（4）第二四軍団による三八度線以南の占領は、一九四五年一〇月現在、七万～八万四千人であった。京畿道（一九四五年九月一一日）と江原道（一九四五年一〇月初め）は第七師団、慶尚道（一九四五年一〇月）は第四〇師団、全羅道（一九四五年一〇月末）と済州島（一九四五年一一月一〇日）は第六師団であったと言われている。

（5）U.S. Army Military Government in Korea. : Repatriation from 25 September 1945 to 31 December 1945, William J. Gane. 米国立公文書館と国立中央図書館（韓国ソウル）に所蔵されている。この文書は、終戦後、南朝鮮における日本人の引揚げ及び在日朝鮮人の受け入れを主管した朝鮮米軍政庁外事局の引揚担当官ウイリアム・ゲーン大尉が執筆し、米軍政庁から一九四六年刊行された（A五・一六四頁）。資料の名称は、これまでの研究の中で「ＵＳＡＭＧＫ」と略称されている。本論文でも史料の略名を同様にして表記し、日本語訳は筆者によるものである。なお、「ＵＳＡＭＧＫ」の目次の一部の日本語訳が、森田芳夫『朝鮮終戦の記録』（巌南堂、一九六四年、一、〇〇〇頁）と森田芳夫・長田かな子『朝鮮終戦の記録　資料篇』第二巻（巌南堂、一九八〇年）に収録されている。この目次の日本語訳は次のとおりである。「一、序説、二、避難民の状況、三、引揚の調整、四、日本人の引揚げ、①関係機関（日本案内所・日本人世話会・移動医療局）、②手続き（鉄道の手配、市民の団体処理、軍人およびその家族の団体処理、残留を希望せぬもの、港における処理、船の統制）、五、朝鮮人の引揚げ、①朝鮮救済福祉機関、②朝鮮人団体の活動、③在日朝鮮人の帰国（在日朝鮮人組織・日本における朝鮮人の送還手続き　A、北海道、B、日本にあるその他の朝鮮人引揚港での手続、仙崎）、④

朝鮮の各港における朝鮮帰国者の受け入れ手続き（群山港における朝鮮人帰国事業）、⑤朝鮮国内における朝鮮人帰国者の輸送（釜山における活動・解決策）、表添付あり（救済団体の財政状況について、すべての救済団体の活動の実際の結果に関する調査）、六、その他の国民の引揚げ、七、引揚問題、八、統計、九、付録。

(6) 例えば、金太基『戦後日本政治と在日朝鮮人問題』勁草書房、一九九七年。

(7) 前掲、『朝鮮終戦の記録　資料篇』第一巻、巌南堂、一九七九年、六～七頁。

(8) 前掲、『朝鮮終戦の記録』一四八～一五〇頁。

(9) 同前。

(10) 同前。

(11) 前掲、『朝鮮終戦の記録　資料篇』第一巻、二六頁。

(12) 同前、一五一頁。前掲、『朝鮮終戦の記録　資料篇』第二巻、九頁によれば、「京城日本人世話会」とは、日本人の引揚げのために作られた団体である。具体的には、日本人の引揚げ者へ情報を知らせ、指導をするため、情報頒分機関として活動した。また、日報も発行していた。その他にも、引揚げた日本人の所有する個人資産を買い入れ保管した。後に、朝鮮米軍政庁外事局は、一九四五年一〇月一六日、戦災者宿泊施設と救済に関する業務を京城日本人世話会に任せ、同会を日本人引揚げに関する唯一の民間団体として公認した。

(13) 同前。

(14) 『京城日報』（一九四五年九月八日付）

(15) 宋前掲「南朝鮮の新聞に見る在日朝鮮人―一九四五年～一九五〇年―」五二頁。

(16) 同前、五二～五三頁。

(17) 『朝鮮人民報』（一九四五年一〇月三日付）、九州大学森田芳夫文庫所蔵。

(18) 「USAMGK」。英文資料では、「Office of Foreign Affairs」となっている。本論文では、この日本語訳を「外事局」とした。

(19) 「USAMGK」の序説の記述をまとめた。まとめるにあたり、一、序説、三、引揚げの調整、四、日本人の引揚げ等についての日本語訳は、前掲『朝鮮終戦の記録　資料篇』第二巻、四～五頁に収録されている日本語訳を参考にした。

(20) 同前。ちなみに、一九四五年九月二二日～一二月三一日の間に戦災者班に在任した軍人職員（就任順）と朝鮮人職員は次のようであった。ウィリアム・J・ゲーン中尉（USAMGKを作成した人物）、トマス・O・ハリソン中尉、サミュエル・C・ブラウン軍曹、ハロルド・ウィリアムソン中尉、ギルバート・F・キャスウエル中尉、ロバート・L・ベイヤー大尉、ウオルター・L・ロスウエル中尉、レナード・C・ロウ大尉、ロバート・R・ミドキフ中尉、マーティン・

J・ロス中尉、ロバート・G・テルファ中尉、コーネリュース・P・モージズ中尉、ジェイムズ・C・グラハム中尉。朝鮮人職員はチンスンユルとチェビョンウ（崔秉宇）の二名である。（「USAMGK」、『朝鮮終戦の記録　資料篇』第二巻、四頁より）。

(21)「朝鮮関係雑綴」（防衛省防衛研究所図書館蔵）に収録されている。

(22)「USAMGK」。ここにある「引揚問題」については、日本人の引揚げや朝鮮人の帰国全般についてのことであると思われる。

(23)「USAMGK」。『朝鮮終戦の記録　資料篇』第二巻、六頁。この内容にある六、の引揚計画の「当初の案」とは、おそらく先に見た「引揚試案第一号」を指すと思われる。

(24)「USAMGK」。『朝鮮終戦の記録　資料篇』第二巻、六〜七頁。

(25)「USAMGK」。同前。

(26)同前。

(27)前掲、『朝鮮終戦の記録　資料篇』第一巻、一五三頁。

(28)同前、一五四頁。

(29)「USAMGK」六九頁。

(30)「朝鮮の状況報告」（朝鮮軍報道部長、長屋尚作、一九四五年一一月）、防衛省防衛研究所図書館蔵。

(31)同前。

(32)同前。

(33)同前。

(34)「USAMGK」七〇頁。この計画書が提出された日付は不明であるが、九月後半または一〇月頃と推測される。

(35)同前。

(36)「USAMGK」七〇頁より作成。日本語に訳すことができた部分だけ日本語訳とした。訳すことができない英文はそのままとした。なお、これらの五つの団体に関する詳細についてはわからない。

(37)「USAMGK」の資料の中で「entry」という言葉が使われているが、そのまま「入国」と訳して使った。

(38)「USAMGK」六九頁よりまとめた。

(39)「USAMGK」六九〜七〇頁。換金については一九四五年一一月二五日以降、換金の上限額は一人当たり一、〇〇〇円に引き上げられた。軍政庁が「勘定書」を無効とした時期については確認できなかった。

(40)「USAMGK」七〇頁。資料によれば、鉄道の乗車券は一九四六年一月上旬まで民間企業である「朝鮮交通公社」が帰国者に販売していた。それ以後は軍政庁福祉局がその費用を支払ったとある。
(41)「五、終戦前後の釜山地方交通局」(釜山地方交通局長、田辺多聞)(前掲『朝鮮終戦の記録 資料篇』第二巻、二八八頁)。
(42)同前。
(43)「USAMGK」七一頁。
(44)『京城日報』一九四五年九月二九日付。
(45)「五、終戦前後の釜山地方交通局」二八九〜二九〇頁。この事故の原因は、六五列車の朝鮮人機関士が、大邱駅の場内信号を冒進したためだろうと記述されている。
(46)『京城日報』一九四五年一〇月二日付。
(47)秋岡あや、鈴木久美「元農耕勤務隊黄敬駘氏インタビュー」、『在日朝鮮人史研究』四二号、二〇一二年、二三八頁。
(48)同前。
(49)前掲、『朝鮮終戦の記録 資料篇』第二巻、二九頁。
(50)同前。
(51)同前、二八〜二九頁。
(52)同前、二八頁。ちなみに「引揚船」は、この表の他にも第七艦隊統制下のLST(上陸用舟艇)も使用されていた。「USAMGK」によれば、米海軍第七艦隊のLSTを使い、これは四日間で朝鮮と日本の間を往復して、引揚者を輸送する計画航海を受け持った。第七艦隊のLSTを使用した港は群山、木浦、仁川であった。一航海は通常LST三隻の船団で行われ、一隻あたり一、〇〇〇人を乗船させることができた。毎週二日毎に一船団が群山港で乗客を降ろし、毎週三日毎に一船団が木浦港に入港する。さらに四日毎に一船団が仁川港に入港した。一九四六年一月の時点まではこの計画は有効であった。だが、日本で待機する朝鮮人の減少とLSTの本来の任務を遂行するため、他の地域に移動する必要が生じたことから、LSTの数は減少した。
(53)「USAMGK」七一頁。
(54)同前。この理由は、外事局の「目的地別調査」を見ると、一九四五年一一月から群山港に帰国者が入港しているためである。
(55)同前。
(56)同前。
(57)同前。

(58) 同前。資料では「city」となっているためそのまま「市」と訳したが、「道」かもしれない。
(59) 同前。
(60) 同前。
(61) 同前。ここにある「朝鮮人救済団体」とは、ソウルで設立されたものの支部と見られる。
(62) 同前、七一～七二頁。ここにある「青年協会」とは、どのような団体なのかわからない。
(63) 前掲、『在日朝鮮人処遇の推移と現状』八五頁より。具体的にいえば、この法令は七条よりなり、集団帰国者、連合国軍人または随伴者および官庁命で旅行する者を除いて、朝鮮から出国する者は、現地軍政官を通じて米軍政庁外務課に一定の旅行証明申請書を提出する必要がある。これに違反する者は管轄裁判所で処罰すると規定されていたという。これを直接記す資料を見つけることができなかったために、森田より再引用した。
(64) 「引揚」（SCAPIN・八二二）一九四六年三月一六日。『太平洋戦争終結による旧日本国籍人の保護引揚関係雑件』（外務省記録、第一六回公開、二〇〇〇年、以下『保護引揚関係雑件』と略す）に収録。
(65) ちなみに、小林聡明（「朝鮮人の移動をめぐる政治学―戦後米軍占領下の日本と南朝鮮」『近代アジアの自画像と他者―地域社会と「外国人」問題（地域研究のフロンティア1）』二〇一一年、一一二頁）によれば、朝鮮半島南部と日本列島を占領統治した米軍は、人やモノの不法な移動を監視していた。だが、こうした警備行動だけでなく、人びとが日常的に利用する手紙や電話などの通信物を検閲するという方法でもおこなわれていた。米軍政庁で検閲を実行したのは対朝鮮民間通信諜報隊（CCIG-K）であったという。
(66) 「USAMGK」の中の「日本人の引揚」の項目に収録されている。日本語訳は前掲、『朝鮮終戦の記録　資料篇』第二巻、二九～三〇頁にある。それを参考にした。
(67) 同上。「この方面で不許可の港から入国」という記述については、具体的に「どの方面でどの港」を指すのかこの史料からはわからないが、日本から非公式の船で帰還したとの意味だろう。
(68) 同前。
(69) 同前。
(70) 同前。
(71) 前掲、『GHQ日本占領史　第一六巻　外国人の取り扱い』一五一～一五二頁。
(72) 同前。
(73) 同前。再渡航者の中には「常習犯」も多く、一五回も入国を企てた朝鮮人もいたという。
(74) 同前。

第八章　日本における再渡航者対策

それでは、日本側では再渡航者や「不法な船舶」に対して、どのような対策を取っていたのだろうか。まずは、再渡航者数を確認し、次いで、日本における内務省による海上の取り締まりと在日本朝鮮人連盟が作成した「密航同胞調査報告書」の中に記されている佐世保収容所の状況について見ていこう。

一　日本における再渡航者数

先行研究では、終戦直後から日本政府及びGHQによる計画輸送が終了となる一九四六年一二月末までに、南朝鮮へ帰国した朝鮮人の数は約一四〇～一五〇万人といわれていることは確認した。[1] この間に、日本への再渡航者が出てくる時期は、一九四六年二月一七日の覚書（SCAPIN・七四六）（「帰国希望登録」調査による「計画輸送」が実施されるという内容）が出された頃からと見られ、とりわけ再渡航者が増加する時期は、一九四六年の夏から秋にかけてである。再渡航者の数は正確に把握することは難しいが、次の表6からおおよその数字は確認できる。

表6を見ると、一九四六年六月～一二月において検挙された朝鮮人再渡航者は、二〇、〇四一人[2]である。また

表6　1946年6月～12月までに逮捕された朝鮮人「密入国」者数

（単位：人）

6月	7月	8月	9月	10月	11月	12月	合計
1,344人	9,580人	7,990人	501人	254人	193人	179人	20,041人

出所：竹前栄治・中村隆英監修『ＧＨＱ日本占領史　第16巻　外国人の取り扱い』日本図書センター、1996年、153頁。
注：朝鮮人の項目のみ記した。

『検察月報』では、一九四六年四月～一二月の間に検挙された朝鮮人再渡航者は一七、七三三人、その内の七、三三六人は山口県と記されている。[3] 表2と表3（一七、一八頁）の朝鮮人帰国者数を見ると、一九四六年七月以降再渡航者が増えていることがわかる。

終連管理部国内課による「朝鮮人の帰還輸送終了の件」（一九四六年一二月一五日）には、「密航朝鮮人」の項目がある。[4] その項目を見ても、一九四六年六月から七月頃には、月に数千人の再渡航者がやって来ていることになる。さらに、項目の内容を見ると、次のように記されている。①再渡航者は大部分が日本から帰国した者であり、「闇船」を利用して九州北部、中国西部に上陸していた、②警察においても発見次第逮捕送還していた。だが、六月頃、朝鮮にコレラが流行したことにより、再渡航者によるコレラの日本への伝播を恐れ、ＧＨＱは日本政府に指令を発した、③この指令の内容は、警戒を厳重にして発見した「密入船」は乗員とともに舞鶴、仙崎、佐世保に廻し米軍に引き渡すことであった、④その結果、一時、佐世保には一万人以上の再渡航者が収容され、一〇月末までに全員米軍の命令により送還されたとある。[5]

項目の①にある再渡航者の大部分は、日本から帰国した者であるということについては、森田も、「一九四六年春から夏にかけて、朝鮮人の不法入国者は圧倒的に多くなった。そのほとんどはかつての日本の在住者で、朝鮮に、引揚げたが生活苦のために日本の生活のよさを回想して逆航するもの、日本の闇市に出す物資をつんでくるもの、日本に残した家財をとりにくるもの、日本の学校に入りたいというものなどさまざまであった」[6]という。

また、②一九四六年六月に南朝鮮で流行したコレラについては、次にあげる朝鮮半島の㋑〜㋭の被害が報告されていた。㋑食糧不足により五月には食糧要求のデモが起こった。その後、コレラや洪水による交通機関の混乱から、ソウルと仁川ではさらなる食物不足となった。㋺コレラが流行し、旅行が規制される中、規制を破った者は警察に逮捕され、ソウルで裁判にかけられた。その裁判は、七月二九日に始まり、四一件の裁判の内三八件が処分された。㋩農業については、穀物の収穫量が少なく、品質も劣るとの推測が出された。㊁漁業については、仁川とその周辺の港は、コレラの処置をするために、すべての漁業活動が閉鎖された。㋭林業については、コレラと洪水により、木材の輸送が七月の初めに止まり、木材不足の懸念が生じたなど経済にも影響が出たという[7]。

しかしながら、この時期の日本における日本政府とGHQによる帰国政策は、一九四六年三月から開始された帰国希望登録による「計画輸送」が開始され、できるだけ多くの朝鮮人を帰国させる方針を取っていた。前述した南朝鮮の状況や、再渡航者の大部分が日本から帰国した者であることをあらためて考えれば、日本政府とGHQがこの時期に実施した帰国政策は、実態に沿わなかったのではないだろうか。すなわち、日本政府とGHQが南朝鮮の状況と日本から南朝鮮へ帰国する者の意向を反映した帰国政策を立てていたならば（例えば、帰国の「時期」や手荷物の制限など）、再渡航者についての状況は変わっていたかもしれない[8]。

それでは、日本政府やGHQは、増加する再渡航者を逮捕し、送還したというが、どのような対策を立てて対応したのだろうか。GHQは南朝鮮で流行したコレラに神経質であり、日本国内のコレラ流行を防ぐために、「不法入国者」や「不法入港船」などの取り締まりを強化していった[9]、ということもあり、まず、「海上」における対策について見てみよう。

二　海上における日本政府とGHQによる朝鮮人再渡航者対策

表2、表3、表6でも見たように、一九四六年七月から再渡航者の数は増加する。それは、一九四六年六月に南朝鮮で発生したコレラによる影響が大きく、GHQはコレラを深刻な問題として捉えていた。そのためコレラ発生からまもなくGHQは、「日本への不法入国抑制に関する件」(SCAPIN・一〇一五)[10]を出した。この覚書の内容の一部を見ると、「一、朝鮮にコレラが発生し急激に蔓延の情勢にある。不許可の船舶に依る、朝鮮から日本への保菌者の転入に依りもたらされる病菌の侵入の恐るべき危険を考慮し、日本港湾に不法入港せんとする船舶を監視し、之を逮捕する為、断乎たる処置が必要である」[11]と記されている。

GHQは、この時に日本政府に対して不法な船舶の監視と逮捕を命じた。そして、この覚書を受けた日本政府は、同日の一九四六年六月一二日、「朝鮮人の送還」を出した。この内容を見ると、「一、最近の調査によると日本から朝鮮に送還され、違法な手段で日本へ再び戻ってくる朝鮮人が非常に増加している」、「二、警察は地方占領軍の助けによりこれらの朝鮮人を上陸現場で逮捕しようと努力し、逮捕された彼らの大部分は地方占領軍の官憲の命令に従って朝鮮へ送り返されている」[12]という内容であった。

「朝鮮人の送還」には、先に述べた内容の他にも、日本政府がGHQに対して「密入国の管理の提案」[13]をしていたことが記述されている。この日本政府の提案は、「朝鮮人、台湾人、琉球人、中国人等に対して」と記されているが、日本政府が意図するところは、主に「朝鮮人の問題」に関係する提案であったようだ。それは日本政府がGHQに対して、日本と朝鮮半島の地理的な条件から再渡航の問題を起こすのは、ほとんど朝鮮人である。そのためGHQに朝鮮人再渡航者の「強制送還権」を日本政府側に与えてほしいということから伺うことができる[14]。しかし、G

ＨＱはこの提案を拒否している。[15]ＧＨＱが拒否した理由はいくつかあり、その中の一つに、「とりわけ、それが差別的であり、外国国民すべてに普遍的に適用するようにはなっていなかったことが問題[16]」であったという。

その後、一九四六年六月二〇日、ＧＨＱは日本政府に対して、前述した「強制送還権」は認めなかったが、「日本への不法入国抑制に関する件」により、現在の海上保安庁の前身となる、「不法入国船舶監視本部及び不法入国船舶監視部」の設置は認めた。[17]

一九四六年七月六日、日本政府からＧＨＱへ「日本への不法入国抑制に関する件[18]」が出された。この中で日本政府は、海上の警備上、武器弾薬やそれに伴う備品が必要であることと、旧海軍の船舶の移管も含めてＧＨＱへ要求している。だがＧＨＱは考慮中とした。[19]それでも内務省は「強化対策」として、九州・中国を中心に監視哨を配備し、沿岸巡視船隊を編成し警戒にあたるとした。[20]その上、ここで捕まった再渡航者を収容するために佐世保引揚援護局内に収容所を設け、その監視と護送は警察がおこなうことになったとある。[21]この内務省が実施した「強化対策」については次項に譲る。

その後も日本政府は、海上での不法船舶の取り締まりを強化するために、一九四六年七月一五日の次官会議において「不法入国、不法密輸入事犯等の取締に関する件[22]」を決定し、次のような対策を立てた。そこでは、「不法入国者」の取り締りについて、大蔵、内務、厚生、司法、運輸各省の分担と各省間は協力をしていくことを明らかにしている。[23]

密貿易並びに不法入国等の取締に関する具体的措置については、大蔵、内務、厚生、司法及び運輸の各省は相互に協力してこれに当ることとし、その実施に際しては次の要項によることと致したい。

一、沿岸監視船はこれを海運総局において準備し、取締に必要な税関官吏、警察官吏等を乗船せしめること。

二、密貿易事犯、不法入国及び検疫は関連するものであるから、これが取締については税関及び警察の官吏は相互に援助、協力して取締の徹底を図ること。
三、連合軍総司令部への密輸事犯検挙報告は、各税関から大蔵省に報告し、大蔵省においてこれを取纏めの上、司令部に提出するといふ方法によること。[24]

この次官会議で決定した内容の一、については、GHQは一九四六年一二月一〇日、「日本に対する不法入国の防止」(SCAPIN・一三九一)[25]の覚書の中で認めている。この覚書の内容の一部は、「朝鮮に於ては、尚コレラが蔓延しているから、朝鮮からの内地に不法に人を輸送する船舶を捜索逮捕する為に、続いて積極的手段を講じなければならない。朝鮮人不法移民入国者は、佐世保援護局より、此の目的の為に指定せられた船舶にて送還すること。朝鮮人の不法移民を送還する船舶及び鉄道には、警備の為日本人警官を乗込ませること[26]」とある。

三　内務省による再渡航者監視体制の強化

日本政府は海上における再渡航者対策の他にも、次のような対策を立てていた。それは、九州・中国を中心に監視哨を配置し、沿岸巡視船隊を編成して警戒にあたらせるとした内務省による再渡航者監視体制の強化である。[27]それでは、内務省による再渡航者監視体制の強化とはどういった内容なのだろうか。

内務省警保局が一九四六年八月頃に作成した「出航朝鮮人取締に要する経費」(以下、「取締経費文書」と略す)[28]という文書がある。この「取締経費文書」は、再渡航朝鮮人を取り締るために必要な経費を大蔵省に申請したところ、申請が認められ、その経費と内訳が記されている文書である。[29]その「経費と内訳」から、内務省が具体的におこなった再渡航者監視体制の強化を見てみよう。

まず、内務省がなぜ再渡航者を取り締るための予算を申請したのかについては、「取締経費文書」にその理由が記載されている。次の内容である。

密航朝鮮人の取締に関しては、曩に本年四月頃の状況を基礎として、差当り六か月分の追加予算を計上して□が、其の後、密入国者の数は逐月激増し、七月中に於いて既に一万名に達し、八月中に於いては、一万五千名を突破する見込みである。而かもそのなかには、コレラ患者□保菌者が相当数混入して居り、又密貿易を企てる者が続出する等、治安上乃至防疫上極めて憂慮すべき状態となってきたので、北九州及中国の関係県をして、緊急にこれらの取締を徹底強化させる必要がある。仍って経費を要する。(30)

内務省が申請した予算は、日本国内の治安の安定や、南朝鮮で発生したコレラ、密貿易などの理由により大蔵省に認められたようである。次に、「取締経費文書」にある「密航朝鮮人取締に要する経費の内訳」(以下「経費の内訳」と略す)という項目があるのでそれを見てみよう。

認められた予算区分の項目には、「諸給与・国内旅費・給与・監視哨員手当・収容所補助員手当・船員手当・事務費・雑費(特殊)・監視哨舎借上費・密航者収容所建設費・密航者収容所借上改造費・密航者賄費・監視船艇借上費・輸送用自動車借上費・交際費(31)」と記されている。「備考」の欄には重要県として、「長崎、佐賀、福岡、山口、島根、鳥取(32)」とある。これらの重要県と指定された六県は、朝鮮半島と距離的に近いことから、内務省により、再渡航者を取り締まる上で重要な県として指定されたのだろう。

「経費の内訳」を見ると、「給与内訳、監視哨員手当(33)」という項目があり、その内訳には、各県ごとに監視哨数が次のように記されている。長崎：五七人、佐賀：三八人、福岡：四五人、山口：四七人、島根：四一人、鳥取：二四人、熊本：一〇人、鹿児島：九人、宮崎：五人、合計：二七六人。[34]「摘要」の欄には、「監視哨員の配置は、一カ所六名宛（二交替）とし、密航者の発見通報に当らせる」[35]。ここから、朝鮮人帰国者を送り出した送出港を持つ長崎県、山口県、福岡県などは監視哨数が多く、その上、先に述べた重要な県として指定された県でもあることがわかる。

また、「密航者収容所建設費・密航者収容所借上改造費」という項目があり、そこには、次のように再渡航者収容所の数が記されている。長崎：三、佐賀：二、福岡：四、山口：四、島根：二、鳥取：一、合計：一六カ所とある[36]。ここから、再渡航者収容所は日本国内に一六カ所設置されていることになる。しかし、「取締経費文書」には再渡航者収容所の名称や所在地の記載はなく、これらの一六カ所すべてが実際に設置され、かつ運営されていたのかについては確認することはできなかった。ただし、福岡（博多埠頭内）、仙崎（仙崎引揚援護局内）、佐世保（佐世保引揚援護局針尾収容所）については、収容所の一部を確認することはできる[37]。詳しくは後述する。

さらに、「密航者収容所建設費・密航者収容所借上改造費」の項目の内訳を見ると、内務省は福岡県において、新たに一件の収容所を建設するために、収容所建設費一〇〇万円を計上していた[38]。「摘要」の欄には、「建坪は事務室・便所等を含め収容人員一人に付一坪とす[39]」との記載がある。

内務省は新規収容所建設の他にも「密航者収容所借上改造費[40]」として、次の予算を計上していた。長崎：改造一件、佐賀：改造一件、福岡：借上二件、改造一件、山口：改造一件、島根：借上一件、鳥取：借上一件、である[41]。内務省がこうした収容所を新設し改造する理由は、いうまでもなく再渡航者の増加への対応である。たしかに再渡航者が収容された収容所の状況は、例えば仙崎の収容所にいる「密航者」は一杯であった。一九四六年七月二〇日には、四〇〇名が収容できる施設には二、〇〇〇名が留め置かれて、極めて無理のある状況であったという。[42]しかし、内務省は収容所に収容されている朝鮮人のためや衛生上の面から新設や改造をしたというよりも、「治安」の面からおこなったようである。なぜならば、それに関してテッサ・モーリス＝スズキを引用すれば、「仙崎の警備を担当したニュージーランド兵の一人が書いた日記は次の事実を示している。当局はＢＣＯＦの担当者の健康管理に気をつかっていたが、収容されていた人々に対する配慮はほとんどなかった[43]」と、記されていた。

四　朝連報告書に見る再渡航者の状況

①「密航同胞調査報告書」について

在日本朝鮮人連盟（以下、朝連と略す）が作成した「密航同胞調査報告書」（以下、「調査報告書[44]」と略す）には、収容所における死亡者名簿の記載がある。名簿には死亡した理由も書かれており、「再渡航者」の状況がここから部分的ではあるが確認することができる。

再渡航者が収容されていた施設の情報は、これまでの研究ではあまり見られず、山口県にある仙崎収容所については、テッサ・モーリス＝スズキ「占領軍への有害な行動　敗戦後日本における移民管理と在日朝鮮人[45]」により、朝鮮人収容者の状況の一端がわかる。例えば、収容された者の死亡理由である。そうしたことから、朝連が作成した「調査報告書」は、これまでの研究を進展させるものになると考える。

まず、再渡航者収容所の状況を見る前に、朝連が調査をした理由を確認しておこう。「調査報告書」には、「序言」の項目があり、一度帰国した朝鮮人で集団的に日本へ再渡航する者が増加し、その多くはコレラを持ち込んでいた[46]とある。それもあってか、調査団は約二週間にわたり現地を調査している。調査を実施した収容所

表7　佐世保収容所における年齢・男女別死亡者数

（単位：人）

	10歳以下	10代	20代	30代	40代	50代	60代	70代	不明	死産	計
男性	66	12	28	38	27	8	1	1	10	1	192
女性	48	5	5	7	5	2	1	0	2	1	76

出所：「密航同胞調査報告書（1946年12月）」文書に記載されている、佐世保収容所内の死亡者名簿より作成。

は、長崎県佐世保、福岡県博多、山口県仙崎収容所の三カ所である。(47) とりわけ佐世保では、死亡者名簿を作成しており、繰り返しになるがそこから死亡した理由もわかる。

②　佐世保収容所における死亡者名簿

それでは朝連が作成した「調査報告書」に収録されている佐世保収容所における死亡者名簿を見てみよう。まず、この名簿は朝連九州出張所の調査により作成され、日付は一九四六年七月二四日となっている。(48) 名簿には、性別・氏名・年齢・病名のほか、死亡者の合計数二七二名も記されている。(49) ただし、いつからいつまでの間に死亡した者の名簿なのか、その記載はない。そこでこの名簿をもとに、「年齢・男女別死亡者数」を作成した。表7を見ると、男性一九一名、女性七六名、合計二六八名であることがわかる。(50) ただし、名簿にある男性の合計者数と一名の差があるが、名簿の記載ミスと思われる。さらに、男女ともに一〇歳以下の子供の死亡者数が多いことや、再渡航者には子供もかなり含まれていたことがわかる。

それでは名簿にある死亡者は、どのような理由により死亡したのだろうか。名簿の「病名」の欄を見ると、名簿作成の時期が南朝鮮におけるコレラ発生の時期とほぼ重なる七月二四日となっているためか、死亡理由の半数以上は、「コレラ」（疑似コレラやコレラと肺炎、コレラと栄養失調など、複数の病名により死亡した者も含めて）と記載されている。(51) コレラ以外の理由は、例えば、栄養失調、急性肺炎、急性大腸炎とある。[52] 死亡者名簿には以上の記載と氏名もあるが、ここでは氏名は省略した。なお、死亡者がその後どのような扱いになったのかはわからない。そこで、次にあげる「佐世保収容所調査概況報告」という文書がある。ここには遺骨に関する記述があるので見てみよう。

③「佐世保収容所調査概況報告」に見る再渡航者の状況

「調査報告書」によれば、先に見た佐世保収容所における死亡者名簿の他にも、一九四六年九月二〇日、朝連九州出張所は「佐世保収容所調査概況報告」[53] を作成している。この報告書をまとめるにあたり調査を実施したのは、朝連だけでなく朝鮮米軍政庁の朝鮮人職員も同行し現状を視察したとある。[54]

「佐世保収容所調査概況報告」には、「密航者収容分布状況」と記された項目がある。この項目には、再渡航者が二、五〇四名、二、六五八名、二、二二一名と、三隻の船内に各々収容され、陸では、針尾収容所に三、二〇〇名が収容され、合計一〇、五八三名がいたとある。[55] この再渡航者が収容された日時は、概ね八月初旬頃で、九州一帯に散在し、各地の収容所に収容されていた再渡航者を集めて収容したと記されている。[56]

また、同報告書には、「収容者の生活状況及び病死者の情状」[57] という項目もある。船内の共同生活は衛生が不徹底で、飲料水は不足しており、洗濯もできない状態で、男女、老人、子供のなかでは諸々の病気が発生し隔離される者もおり、米軍や日本政府当局の対応は混乱していたとある。また、早急に治療を要する再渡航者もいるが、米軍や日本政府によって監視されていたとの記録もある。[58]

さらに、コレラの流行によってか、一週間に二回、全員検便が施行され、保菌者が見つかれば下船させられ、治療のために他の病院船に収容された。病院船は海上に繋がれ、朝鮮人の患者は日本人引揚げ者と共同の収容所に入れられ、死亡率は五〇%であった。死亡者は陸で火葬に付され、その後、親戚が「遺骨奉安所」に安置されている遺骨を引き取った。「遺骨奉安所」には数千体が安置され、供養をしたと記されている[59]。ただし、引き取り手のない遺骨は、その後どうなったのかはわからない。

この他にも、「佐世保収容所調査概況報告」によれば、収容者に配給する日常に必要な物資は極度に欠乏していた。しかし、食糧を管理する職員には、米穀・煙草などを横流しするといった不正行為をする者もいた[60]ということも記録されている。

④「九州地方密航者調査団」による各収容所の調査報告

「調査報告書」には、先に述べた朝連九州出張所がまとめた「佐世保収容所調査概況報」の他にも、「九州地方密航者調査団」（以下、調査団と略す）という調査団を編成し、長崎県佐世保針尾収容所、福岡県博多埠頭収容所、山口県仙崎収容所の三カ所を視察して調査報告をまとめている。まず、佐世保針尾収容所の調査報告書を見てみよう。

調査報告書の題名は「佐世保針尾収容所現況」とあり、日付は一九四六年一一月五日とある。内容は、調査団が米軍三四部隊を訪問して、米軍の協力により再渡航者の現況を視察し、その結果、各地に散在している再渡航者を全部佐世保に集中させ送還したこと[61]や、現在は針尾収容所に二七六名いることがわかったという記録もある[62]。

その他には、「収容建物及び施設・待遇」の項目がある。この項目には、建物は元海軍宿舎の衛生施設等を使用し、近くには日本人引揚げ者もいる。だが、朝鮮人収容所には鉄条網が張られ、武装した日本警察官七～八名が包囲し「盗視《ママ》」している[63]。給食は一日に雑炊が三回、延命程度である。宿所は一人毛布三枚、外出は禁止となっていた[64]。また、「密航死亡者及遺骨数」という項目もあり、今般調査範囲では、大部分は海上船舶上で死亡し、上陸後、収容所及び検疫所で死亡した者は極少数で、遺骨の大部分は送還された[65]。現在は、三一柱が針尾収容所納骨所に安置され、次回の船便で送還する予定であると記されている[66]。

次に、福岡県博多埠頭収容所の調査報告書を見ると、題名は「博多埠頭収容所現況」とあり、日付は先に見た佐世保と同様の一九四六年一一月五日となっている。

内容は、帰国者が三〇〇名に達すると出航する。一日平均五〇〜一〇〇名集められ、三〜四日の待機後に出航する[67]と記録されている。

また、この報告書には「施設及待遇」という項目があり、衛生施設は改善されつつも、便所、防寒施設には全て欠陥がある。倉庫の前後出入り口付近は破損している状態である[68]。食糧は一日に雑炊と水だけで、燃料と調味料関係は不足している[69]。「医療施設」（一九四六年三月二三日開始）は、収容所専属診療所があり、そこには内科と外科と婦人科がある。だが、薬品などは非常に貧弱で、開設以後の死亡者数は四〇名となった。「進駐軍」と日本の警察が武装して監視しており、外出は厳禁となっていると記されている[70]。

最後に、山口県仙崎収容所については、「仙崎密航者状況」としてまとめられており、日付は先の二つの調査報告書と同様の一九四六年一一月五日となっている。

この報告書の内容は、仙崎方面の再渡航者問題は、英陸軍第二二部派遣隊が取り扱い、通訳同伴で大津支部を訪問した[71]という記録がある。

その他には、仙崎方面の再渡航者は一九四六年四月末頃から増加し、小串・下関・須佐・松田などの方面にやって来た者の内、逮捕者は仙崎収容所に収容された。八月二日には一、二〇〇名を、九月五日には五〇〇名を、一〇月二三日には三〇〇名を送還した。その中には、「食米闇買事件の強制送還者を多数含む[72]」といった記載もある。一九四六年一一月一日現在で、残留者は一二名である[73]。「待遇及盗視《ママ》」の項目があり、被収容者の待遇は給食の状況で一日四〇〇瓦、寝具は一人毛布二枚、武装警察の厳重盗視《ママ》あり[74]との記録がある。

以上、調査団による三カ所の再渡航者収容所の調査報告を見た。そこでは、先行研究からはわからなかった収容所内の状況が明らかになったのではないかと考える。

例えば、ＧＨＱや日本政府による収容所内の「管理」の在り方、食糧事情や死亡者に関する情報である。とりわけ「佐世保収容所死亡者名簿」には、死亡理由や年齢の記載があり、当時の南朝鮮の厳しい状況や収容所内の衛生状況を把握することができる手がかりとなり、これまでの研究を裏づけることができたのではないだろうか。今後は、この他の収容所についてもできるだけ名簿を含めた資料の発掘を継続していきたい。

南朝鮮における帰国者の受け入れ状況の確認と日本政府による、「海上」と内務省による対応を整理し、朝鮮人団体が作成した報告書からは、当時の「密航者収容所」の様子などを検討した。

「海上」においては、当時、南朝鮮のコレラ問題もあり、日本政府とＧＨＱにより監視体制が施されていた。例えば、不審な船舶を監視し、発見し、逮捕者が出ると「強制送還」させる措置を取っていた。内務省は、「密航」朝鮮人を取り締るための予算を日本政府に申請していた。そこには、沿岸や海上における取り締まりのための人件費や、「密航者収容所」の建設費や収容所の改造費などが、記載されていた。この内務省の予算内容だけ見ても、先の「海上」の監視体制と一帯となり、取り締まりに力を入れていたことがわかる。

また、朝鮮人団体により作成された「密航者収容所」に関する調査報告書からは、収容所の状況や死亡理由、そして、「密航者収容所」の「管理」の在り方が推測できる内容であったことを確認した。さらに、送出港の一つである佐世保は、「計画輸送」による朝鮮人の帰国を扱っただけではなく、一九四六年三月頃から増加し始めた「密航者」の送還業務も本格的におこなっていたことについても確認することができた。その背景には、「治安」問題があったことを最後に付け加えておく。

註

（1）「解放」直後から始まった朝鮮人の帰還政策（北緯三八度以南向け）は、一九四六年一二月二八日で終了となる。例えば、前掲、森田（『在日朝鮮人処遇の推移と現状』六八頁）によれば、その間に、帰還した朝鮮人は約一四〇万人といわれている。

（2）竹前栄治・中村隆英監修『ＧＨＱ日本占領史　第一六巻　外国人の取り扱い』日本図書センター、一九九六年、一五三頁。

（3）『検察月報』第一二号、昭和二五年。

（4）「朝鮮人の帰還輸送終了の件」（終連管理部国内課、一九四六年一二月一五日）。『太平洋戦争終結による旧日本国籍人の保護引揚関係雑件』（外務省記録、第一六回公開、二〇〇〇年、以下、『保護引揚関係雑件』と略す）に収録。

（5）同前。

（6）前掲、『在日朝鮮人処遇の推移と現状』八五頁。

（7）SUMMATION OF U.S. ARMY MILITARY GOVERNMENT ACTIVITIES IN KOREA NUMBER 10 JULY 1946.

（8）ただし、例えば、朝鮮米軍政庁外事部難民課課長ロバート・ベイヤーは一九四六年一月に日本を訪れて、ＧＨＱに対して、在日朝鮮人政策に対して批判的な報告書を作成していた。これについては、前掲、金太基『戦後日本政治と在日朝鮮人問題』一九四〜二〇四頁に詳しい。一部を記すと、ベイヤーは次の三点をあげていた。①占領軍は在日朝鮮人を「解放民族として、そして寛大な精神を持って取り扱う」こと。②「在日朝鮮人問題を専門に扱う在日軍政機関をＧＨＱあるいは第八軍司令部のなかに設置すべき」こと。③帰国を希望する在日朝鮮人の持帰金は「一人一万円に緩和され、財は一五万三〇〇バウンドに許容」することを提案した。しかし、ベイヤーの報告書にある勧告は、ほとんど受け入れられなかったという。

（9）前掲、『在日朝鮮人処遇の推移と現状』八五頁。

（10）一九四六年六月一二日、「日本への不法入国抑制に関する件」ＳＣＡＰＩＮ・一〇一五（『保護引揚関係雑件』に収録）。

（11）同前。

（12）一九四六年六月一二日、「朝鮮人の送還」、ＣＬＯ、二八二三（『保護引揚関係雑件』に収録）。

（13）前掲、『ＧＨＱ日本占領史　第一六巻　外国人の取り扱い』一五七頁。

（14）同前、一六一頁。

（15）荒敬編集・解題『日本占領・外交関係資料集—終戦連絡中央事務局・連絡調整中央事務局資料—』第四巻、柏書房、一九九一年、三四五頁。終連は「密航朝鮮人の送還」の中で、一九四六年六月一二日（ＳＣＡＰＩＮ・一〇一五）の司令

を受けて、朝鮮人再渡航者の強制送還権を日本側に与えてほしいと提案したが、拒否されたことを記している。なお、「密入国の管理の提案」についてもう少しつけ加えるならば、「海運総局の監視船の増強、警察の布陣強化等で取締に万全を期しているが、尚、之等の不法入国者を徹底的に排除し、且国内の不法行為者の強制送還をも行うとして、内務省で一緊急勅令案をつくり司令部に差出したところが」という内容から、朝鮮人密航者に対して「強制送還権」を要求していたのは内務省であったことがわかる。

(16) 前掲、『ＧＨＱ日本占領史　第一六巻　外国人の取り扱い』一五七頁。

(17) 一九四六年六月二〇日、「日本への不法入国抑制に関する件」、ＣＬＯ、三〇〇五。海上保安庁総務部政務課編『一〇年史』平和の海協会、一九六一年、巻末資料より（以下『一〇年史』と略す）。ちなみに、一九四八年五月一日に海上保安庁は創立された。

(18) 一九四六年七月六日、「日本への不法入国抑制に関する件」ＣＬＯ、三二九三。前掲、『在日朝鮮人処遇の推移と現状』、八五～八六頁。

(19) 一九四六年七月一六日、ＳＣＡＰＩＮ・一七三五Ａ。

(20) 一九四六年七月六日、「日本への不法入国抑制に関する件」ＣＬＯ、三二九三。前掲、『在日朝鮮人処遇の推移と現状』八五～八六頁。

(21) 前掲、『佐世保引揚援護局史』。表3からもわかるように、再渡航者は七月から送還されている。再渡航者の収容に関しては、佐世保以外にも、一九四六年七月頃になると、山口県仙崎収容所には密航者が数千名いた。テッサ・モーリス＝スズキ／辛島理人訳「占領軍への有害な行動　敗戦後日本における移民管理と在日朝鮮人」（『現代思想』青土社、二〇〇三年九月）二二二頁、によれば、山口県を占領していたニュージーランド空軍は「密輸」船を摘発するため、巡回飛行していた。一方で、英領インド軍によって担われた海上パトロールは、「非公認の港に入ろうとする船を止めて臨検し、日本に不法入国しようとする乗客を乗せるそれらを拘引せねばならない」とある。そして、「逮捕された移民は仙崎や佐世保の収容所でも苦悩を強いられたにちがいない」。「一九四六年七月上旬、ＢＣＯＦの担当者は「仙崎の収容所にいる人数は逃走や混乱を防止するために設置された囲いの広さを超過しており、朝鮮へ送られる人々で一杯である」としている。月の末には三、四〇〇名にもふくらみ、一、〇〇〇名は仙崎港の船に留置されることとなったという。このテッサ・モーリス＝スズキが引用した史料は今回見つけることができなかったため、再引用した。以下にその史料三つをあげておく。なお、「AWM」とはオーストラリア戦争記念館所蔵（The Australian War Memorial Archives, Canberra）の略である。①B. Cox, pilot, no.14 squadron, quoted in Laurie Brocklebank, Jayforce: New Zealand and the Military Occupation of Japan 1945-1948, Auckland, Oxford University Press, 1997, p.136. ②Memo from Brig. K. L. Stewart to

HQ BCOF, 4 July 1946, in AWM1946-1947. ③"Report on Illegal Entry of Korean Immigrants to Japan" from Brig. G.H. Clifton for Commander in Chief BCOF to Eighth Army, 29 July 1946; telegram from 9 NZ Inf. Bde. To Eighth Army 20 July 1946; "Further Report of Illegal Entry of Koreans" from Brig. G. H. Clifton for Commander in Chief BCOF to Eighth Army 1 August 1946, in AWM 1946-1947.

(22) 前掲、『在日朝鮮人管理重要文書集　一九四五〜一九五〇年』八二頁。

(23) 同前。前掲、『在日朝鮮人処遇の推移と現状』八五頁。

(24) 前掲、『在日朝鮮人管理重要文書集　一九四五〜一九五〇年』八二〜八三頁。

(25) 同前。

(26) 同前。

(27) 前掲、『在日朝鮮人処遇の推移と現状』八五頁。

(28) 「出航朝鮮人取締に要する経費」（内務省警保局）（国立公文書館蔵、アジア歴史資料センターレファレンスコードA〇五〇二〇三〇七七〇〇）所収。日付の記載はないが、一九四六年七月に逮捕された再渡航者の数と、八月はその見込み数が記載されているため、一九四六年八月頃に作成されたものと推測される。

(29) 同前。ちなみに、予算は認められ、「昭和二一年度追加予算要求書（決定）」とあり、「臨時部、一般費」として、九、一四九、〇〇〇円の金額が記されている。この金額が、申請理由にあった「差当り六カ月分の追加予算」にあたると思われる。

(30) 「取締経費文書」には、一九四六年七月に逮捕された再渡航者数も記載されている。その数は、長崎：四九六人、佐賀：一、四四九人、福岡：一、九六四人、山口：三、九一六人、島根：一九一人、鳥取：七三人、熊本：五〇人、鹿児島：五〇人、宮崎：二五〇人、合計：八、四三九人と記されている。この内容と、本文にあげた申請理由の中の「七月中に於いて既に一万名に達し」という記述と比べてみると、この予算を申請した理由はやや誇張した表現であることがわかる。

(31) 同前。

(32) 同前。

(33) 同前。

(34) 同前。

(35) 同前。

(36) 同前。

(37) 前掲、『仙崎引揚援護局史』、『博多引揚援護局史』、『佐世保引揚援護局史』等によれば、福岡県では、博多埠頭内にあった埠頭倉庫を朝鮮人の宿舎にあてたとあり、そこに再渡航者も収容された。
(38) 同前。
(39) 同前。
(40) 同前。
(41) 同前。
(42) 前掲、「占領軍への有害な行動　敗戦後日本における移民管理と在日朝鮮人」二一二頁。
(43) 同前。
(44) 「密航同胞調査報告書」(在日本朝鮮人連盟、一九四六年一二月一日)、米国立公文書館所蔵(RG二四二、BOX　NO、一一七三)。
(45) 同前。例えば、収容所の状況はテッサ・モーリス＝スズキの研究によれば、「男も女も子どもも群がっており、一つの建物に三〇〇人以上押し込まれて、鍵がかえられる……。悪臭が鼻を突き、寝ている光景は見るに堪えない。船が到着するとすし詰めにされ、健康診断が終わるまでそのままにされる」という。
(46) 同前。朝連第三回全国大会とは、一九四六年一〇月一四日～一七日に、大阪・中之島公会堂にておこなわれた大会のことである。
(47) 同前。
(48) 同前。
(49) 同前。
(50) 同前。筆者が名簿より男女別の人数を計算した。ただし、この文書は手書きで、かすれている部分もあり見えにくい箇所があった。そのために正確な人数とはいえないが、できるかぎり正確を期した。
(51) 同前。一九四六年六月に入り朝鮮半島においてコレラが蔓延したことで、日本政府は六月二四日、『官報』で「厚生省告示第四七号　海港検疫法施行規則第一四条第一項の規定に依り朝鮮を「コレラ」流行地と指定する　昭和二一年六月二四日　厚生大臣河合良成」としている。
(52) 同前。
(53) 同前。
(54) 同前。
(55) 同前。
(56) 同前。

(57) 同前。
(58) 同前。
(59) 同前。
(60) 同前。
(61) 同前。
(62) 同前。
(63) 同前。
(64) 同前。
(65) 同前。
(66) 同前。
(67) 同前。
(68) 同前。
(69) 同前。
(70) 同前。
(71) 同前。
(72) 同前。
(73) 同前。
(74) 同前。仙崎収容所については、例えば、在日朝鮮人の文学作品には、当時の密航者の状況がよくわかるものがある。尹紫遠「密航者の群れ」（『コリア評論』四号、一九六〇年から連載、全二八回）である。ここでは、一九四六年、蔚山から日本へ密航をした朝鮮人が下関で拿捕され、仙崎の収容所へ送られ、その後、仙崎港から強制送還されるまでの様子が描かれている。とりわけ、仙崎収容所に収容された朝鮮人の様子が語られている部分は印象深い。

おわりに

一九四五年八月一五日の日本の敗戦により、朝鮮人は「解放」を迎えた。解放された在日朝鮮人の帰国は、どのようにおこなわれたのだろうか。政策が形成される過程において、帰国者の意向は反映されたのだろうか。本書は、日本政府とＧＨＱによる、在日朝鮮人の帰国政策について、一九四五年八月一五日から、朝鮮人の帰国（北緯三八度以南向け）が終了となった、一九四六年一二月二八日までの時期を取り上げて見ていくことを目的とした。以下に確認した主な事実について述べることで本書の結論としたい。

第一章では、これまでの森田芳夫や金英達らの先行研究により明らかにされてきた朝鮮人の帰国者数を再検討した。朝鮮人の帰国者数は、正確な数はわからないが、先行研究とほぼ同数の一四〇～一五〇万人の範囲であることがわかった。

また、日本政府が帰国政策を立案する過程において作成されたと思われる、「帰還朝鮮人輸送計画概要」がある。この中で日本政府は、一九四六年三月までに、朝鮮人の帰国は終了するだろうと見ていた。この日本政府の計画は、先の帰国者数を検討した際に見た、送出港の表（1～4、一六～二〇頁）を見れば、ほぼその通りといえるだろう。

次に、これまでの先行研究では述べられていなかった、日本政府の政策に問題があったことが明らかになった。

朝鮮総督府の対応、すなわち、朝鮮半島に帰国した朝鮮人労働者が、日本側の不十分な処遇に対して抗議したことから、朝鮮総督府が、何度も日本政府に計画輸送をすることと、朝鮮人労働者を解雇するにあたり、賃金を支払うよう電報を送っていた事実である。さらに、企業による朝鮮人労働者の大量解雇もわかった。このような事実を確認することができたことに、あらためてこの資料の持つ重要性を指摘しておく。

これまでの先行研究の中では、あまり触れられていなかった軍人・軍属の帰国についても確認した。そこでは、「本土配備部隊行動概況表」（防衛庁防衛研究所図書館蔵）や「半島人ノ動向概要報告ノ件」、『博多引揚援護局史』などの資料により、終戦後、かなり早い時期から、軍は復員を進めていたことがわかった。具体的にいえば、博多については一九四五年九月四日から帰国しており、四日と六日の二日間で五、〇〇〇人近い軍人が帰国していたことが確認された。下関では、黄敬騂氏のインタビューによって、元軍人であっても、下関から公式船には乗れず、自ら資金を出して、「密航船」により帰国していたことがわかった。

第二章では、帰国希望登録調査による「計画輸送」を中心に検証した。これまでの先行研究によれば、「計画輸送」は順調にいかなかったといわれている。それは、朝鮮半島へ帰国した朝鮮人をめぐる社会経済的状況はとても厳しい上に、持ち帰り金の制限があったからである。そこで、高知県が県在住の朝鮮人を対象に帰国しない理由を調査した資料「朝鮮人帰国忌避理由調査表」から、その調査結果を見ると、今は帰国することはできないが、いずれは帰国をしたいという回答が多く見られた。すなわち、「帰国を希望する」と回答をしても、帰国の「時期」までは決められないという朝鮮人の思いが反映されていたということであろう。

第三章では、送出港の一つである下関・仙崎を取り上げて、終戦直後の状況と、「民生課」について見てみた。その結果、終戦直後のまだ日本政府やＧＨＱから具体的な帰国政策が出される以前から、山口県では県や朝鮮人組織によって、援護活動が不十分ながらもおこなわれていた。しかし、朝鮮人組織は一九四六年七月になると、ＧＨ

Qから解散命令が出され解散をした。多くの滞留者を抱える山口県にとっては、かなり厳しい状況であったことが「下関滞留朝鮮人ニ関スル情報」の資料によって明らかになった。

第四章では、博多港周辺の帰国状況について、先行研究の出水薫の論と、「半島人ノ動向概要報告ノ件」文書より、朝鮮人の帰国全般についてこれまでに確認できなかった状況についても把握できた。例えば、終戦直後、福岡県が分析した県内在住朝鮮人の動向と、帰国する朝鮮人に対する県の援護対策である。

その他には、朝連福岡県本部が発行した新聞によって、当時の朝鮮半島の厳しい実情を確認することができた。

第五章では、舞鶴港と佐世保港を取り上げて、帰国者の援護状況を見た。舞鶴では、博多港や仙崎港と比べて、帰国した朝鮮人の数が少ないせいか、終戦直後から、援護局職員と朝鮮人組織とは比較的よい協力関係の下で援護活動が展開されていたことがわかった。これは他の送出港と異なる点であろう。

佐世保港は、計画輸送による朝鮮人の帰国だけではなく、一九四六年三月頃から増加し始めた、「密航者」の送還業務も本格的におこなっていたことがわかった。

第六章では、戦前から日本国内の中でも朝鮮人の人口が多い地域である大阪府を取り上げた。大阪府と大阪府警察の帰国希望登録調査による「計画輸送」を中心に、その実施過程を、実態に即して分析した。大阪府という一地方を事例に見た限りではあるが、帰国を実施する「現場」でも、日本政府の帰国政策と同様に、帰国者側の意向を汲んだ帰国ではなかったことを確認した。それは再渡航者への対応からも見て取れる。

第七章では、日本の送出港から帰国した先である南朝鮮における朝鮮米軍政庁による受け入れ体制を見た。

朝鮮米軍政庁が進駐する以前の南朝鮮では、朝鮮総督府や朝鮮人団体が帰国者に支援をおこなっていた。朝鮮米軍政庁が進駐した後は、帰国者受け入れ担当の部署として朝鮮米軍政庁内に外事局が設立された。これを機に、一九四五年九月末頃から南朝鮮における帰国者受け入れ体制が開始された。

南朝鮮における受け入れ港の状況については、釜山港と群山港の状況を確認したところ、双方とも終戦直後の一九四五年九月半ばまでは、朝鮮人帰国者に対してほとんど支援や援護はなかった。外事局による釜山港や群山港での帰国者への援護が開始されたのは、一九四五年九月末以降とみられ、日本の送出港と同様に混乱していたことがわかった。一九四六年になると、外事局は再渡航者対策もおこなっていた。

第八章では、一度、南朝鮮へ帰国した者が再び日本へやってくる再渡航者の問題について取り上げた。再渡航者の正確な数を把握することはできないが、日本政府はどのような対応を取ったのか、「海上」と内務省による対応を整理し、さらに、当時者の側である朝鮮人団体が作成した報告書から、当時の「密航者収容所」の様子もあわせて検討してみた。

「海上」においては、当時南朝鮮のコレラ問題もあり、日本政府とGHQにより監視体制が敷かれていた。例えば、不審な船舶を監視し、発見し逮捕者が出ると「強制送還」させる措置を取っていた。この監視体制は次第に強化されていったことも確認した。

内務省については、「密航」朝鮮人を取り締るための予算を日本政府に申請しており、申請予算の内容は、例えば、沿岸や海上における取り締まりのための人件費や、「密航者収容所」の新設のための建設費や収容所の改造費などであった。この内務省の予算内容だけ見ても、先の「海上」の監視体制と一帯となって取り締まりに力を入れていたことがわかった。

また、朝鮮人団体により作成された「密航収容所」に関する調査報告書からは、収容所の状況や死亡理由、そして、主な「密航者収容所」の「管理」の在り方が推測できる内容であったことを確認した。

以上、在日朝鮮人の帰国について、日本政府とGHQの政策が形成する過程と、送出港の「現場」の状況を中心に見た。端的に言えば、終戦直後から始まった一連の「帰国政策」（一九四六年の帰国希望登録調査による「計画輸送」も含めて）は、本書で確認した限りでは、帰国者の意向が反映されていないのは言うまでもなく、現実性を欠く政策であり、日本政府の「見通しの甘さ」を指摘しないわけにはいかない。

それは、宮本正明がいう、「ＧＨＱ／ＳＣＡＰの支持のもと日本政府が推進した「計画輸送」は、朝鮮人の「自由意思」をふまえたと言えるものではなかった。朝鮮人側は帰国の際の諸制約の解除と帰国時期の自由（自由往来を含むものかもしれないが）の保証を求めていた」ことや、「すでに在日朝鮮人の間には南部朝鮮の窮状が伝わっており、それが当面の帰国を回避させる大きな要因であることを占領軍・日本政府は承知のうえで「計画輸送」を推し進めた」（宮本前掲、「在日朝鮮人の「帰国」――一九四五〜四六年を中心として」）ことからも明らかであろう。それ故に、一度、日本を離れた朝鮮人が再び日本へやってくる事は、やむ得ないことであった。

それでもなお、一九四六年になると、日本政府とＧＨＱは、日本国内の食料や労働力不足、そして「治安」を理由に、帰国と合わせて再渡航者の送還もおこなっていくのである。

年表　主な日本政府とＧＨＱの帰国政策

一九四五年

八月二一日　日本政府は次官会議で「強制移入朝鮮人等の徴用解除方針」を決定。

二二日　運輸省で内地在住朝鮮人の「帰還輸送問題打合わせ会」を開催。厚生省から各地方長官宛に通達された。集団移入朝鮮人及華人労務者の取扱について、輸送その他の実情を考慮し漸次、帰還させること、その旨新聞発表を行い動揺の防止を図ることを通達。

二七日　朝鮮総督府は「終戦事務処理本部」を設け、「保護部」を朝鮮人の帰還支援にあてる。解放直後から九月二〇日までの間に、九三、四〇〇人の朝鮮人帰還者を引き受ける。

九月　一日　厚生省勤労・健民両局長、内務省管理・警保両局長は、地方長官宛に近く運航予定の関釜連絡船には、朝鮮人集団移入労務者を優先的に乗船させ、帰国させる旨を通達。

一二日　鉄道総局業務局長は地方鉄道局長宛に下関と釜山、博多と釜山間の連絡船は、一般乗客の利用を停止し、朝鮮人軍人・軍属、集団移入労働者などの帰国を優先的におこなうことを通達。

二〇日　次官会議の通達により、引揚民事務所は、門司・下関その他必要な地に設置され、また必要に応じて事務所の出張所を設けることとなった。内務省・外務省・厚生省・農林省・商工省・運輸省・地方総監府・朝鮮総督府・台湾総督府・樺太その他関係各庁および恩賜財団戦災援護会、財団法人中央興生会その他関係団体は、事務連絡のためその職員を事務所に派遣し、事務運営に積極的に協力することになった。

二三日　「朝鮮米軍政庁外事局戦災者班」が朝鮮人の帰還政策（日本人の引揚も）を担当、朝鮮総督府の「保護部」より帰還業務を移管。

一〇月一〇日　日本政府は海上輸送に一〇隻の船を使い、一日平均七、一〇〇人を輸送し、陸上輸送はこの海上輸送に即対応できるように一九日より実施する計画を発表。

一二日　GHQの指令により持ち帰り金は一人千円までとなる（一九四六年一二月二八日まで継続）。

一五日　GHQは送出港に殺到する帰国者が増え続けるため、日本政府に早急な対応を求める。

一八日　GHQは「引揚」に関する中央責任庁として厚生省を指定。

二四日　西舞鶴に京都府舞鶴出張所が設置され、本格的な帰国援護業務を開始。

三〇日　GHQは日本政府に対して、朝鮮人が下関、福岡、仙崎等に殺到することについて抑制を求める。

一一月　一日　GHQは初めて帰国に関する具体的な政策を日本政府に指令。日本にいるすべての朝鮮人・台湾人・「琉球人」を政府の負担により本国に帰国させるよう指令した。また、引揚民事務所の混雑を防止するため、新聞・ラジオ等の利用を指示。

一七日　GHQは朝鮮人が帰国する港として仙崎・博多・佐世保・舞鶴・函館などの利用を指令する。

一三日　一一月一五日の中央興生会の解散に伴い一三日から計画輸送証明書は地方興生会に代わり各地方知事の下で発行されることになった。

二四日　「地方引揚援護局官制」が公布され、浦賀、舞鶴、呉、下関、博多、佐世保、鹿児島の七局と横浜、仙崎、門司の三出張所を設置。博多地方引揚援護局や仙崎出張所は業務部の中にある送出課を朝鮮人の帰国援護を扱う課とし、帰国者に対して帰国の斡旋、給食や宿泊の供給、送出事務等が行われることとなった。

一二月　九日　GHQが中国人・朝鮮人等の帰国にあたり、交通費は日本政府が負担するよう指令。

二八日　日本政府は帰国する朝鮮人の運賃を無料にすると発表。

三〇日　GHQは日本政府に各地方引揚援護局や送出港での混乱等のため朝鮮人の送還停止を指令。

一九四六年

一月　三日　GHQより朝鮮人送還停止の解除が出される。

三一日　GHQは帰国する朝鮮人の運賃を一九四五年一〇月一五日までさかのぼって無料とし、日本政府に返済等を通告。

二月　二月頃から日本への再渡航者が出はじめ、とくに、六月の南朝鮮でのコレラ発生の影響を受け、七月から増加する。

二月　二月の帰国船を最後に、佐世保からの朝鮮人「計画輸送」は終了となる。

二月　九日　GHQは、帰国者を朝鮮半島の目的地別に乗船させることを指令。慶尚北道、慶尚南道、忠清北道に帰国する者は、仙崎、博多、函館、舞鶴から乗船し釜山で下船すること。全羅北道、全羅南道、京畿道、江原道、忠清南道に帰国する者は、佐世保から乗船し群山又は木浦又は仁川で下船すること。その他の引揚げ港として唐津も指定。実行可能な限り全羅北道、全羅南道及び忠清南道向けの帰国者は木浦又は群山向け船舶に乗船させるよう指示。

一七日　GHQは、三月一八日までに帰国希望の有無を登録すること、登録をしない者や帰国を希望しないと登録した者は、日本政府の費用による帰国の特権を失うとした。これ以降、朝鮮人の帰国は帰国希望登録による「計画輸送」となる。

三月一六日　ＧＨＱは、「引揚に関する基本指令」を出し、本国に既に帰還した朝鮮人は連合軍最高司令官の許可の無い限り、日本への再入国は禁止となる。

四月　五日　引揚援護院次長は、各地方長官宛に各地方が中心となり市町村別の輸送計画をたてるように指示。

四月　九日　ＧＨＱは日本政府に対して、帰国希望登録をした朝鮮人の帰国は四月一五日から開始し九月三〇日迄の完了を指令。

五月　四日　舞鶴地方引揚援護局閉鎖。

六月　六月から七月にかけ、ＧＨＱは日本政府に不法な船舶の監視と逮捕を命じる等、日本への不法入国の抑制を命じる。日本政府も八月頃から再渡航者の監視体制を強化する。

七月　佐世保は他の援護局と異なり、七月以降、本格的な密航者の送還業務をおこなう（佐世保引揚援護局の閉鎖は一九五〇年五月五日）。

八月　八日　ＧＨＱは、一一月一五日まで朝鮮人の帰国の完了を延長。

九月一六日　手荷物の増量が認められる。一人あたり二五〇ポンドから五〇〇ポンドに増量され、九月一五日より帰国する者に適用される。

一〇月　一日　下関地方引揚援護局廃止。

一〇月一六日　朝鮮への送還、一二月一五日まで延長される。

一二月一六日　仙崎地方引揚援護局廃止

一九日　ＧＨＱは、一二月二八日をもって朝鮮人の計画輸送（北緯三八度以南向）の終了を通達。

主要参考資料・文献

〈資料〉

引揚護庁編刊『引揚援護の記録』引揚援護庁、一九五〇年。

厚生省援護局編『引揚げと援護三〇年の歩み』厚生省、一九七七年。

厚生省社会・援護局援護五十年史編集委員会編『援護五十年史』、ぎょうせい、一九七七年。

厚生省引揚援護局編『引揚援護の記録　続』クレス出版、二〇〇〇年。

厚生省引揚援護局編『引揚援護の記録　続々』クレス出版、二〇〇〇年。

森田芳夫・長田かな子『朝鮮終戦の記録　資料篇』第一巻、巌南堂、一九七九年。

森田芳夫・長田かな子『朝鮮終戦の記録　資料篇』第二巻、巌南堂、一九八〇年。

加藤聖文監修・編『海外引揚関係史料集成』全三五巻　ゆまに書房、二〇〇二年。

浜井和史編集・解題『復員関係史料集成』ゆまに書房、二〇〇九～二〇一〇年。

『本土配備部隊行動概況表部隊行動表（内地）』防衛庁防衛研究所図書館所蔵。


〈朝鮮人関係資料〉

『非日本人輸送関係通牒綴』鳥取県厚生課　一九四五年。

『太平洋戦争終結による旧日本国籍人の保護引揚関係雑件』（外務省記録　第一六回公開　二〇〇〇年）。

福井譲編『在日朝鮮人警察関係資料』緑蔭書房、二〇一三年。

朴慶植『在日朝鮮人関係資料集成』第一〜五巻、不二出版、一九七五〜一九七六年。

『在日朝鮮人管理重要文書集　一九四五〜一九五〇年』一九五〇年（現代日本・朝鮮関係史資料第六輯　湖北社復刻版、一九七八年）。

山根昌子編『「朝鮮人・琉球人」帰国関係資料集　一九四六〜四八年　長野県』新幹社、一九九二年。

枚方市教育委員会「津田町「朝鮮人・琉球人」帰還関係文書」『在日朝鮮人の歴史：枚方での掘り起こしのために』一九九三年。

戦後補償問題研究会編集『戦後補償問題資料集』第九集、戦後補償問題研究会、一九九四年。


〈文献〉


浅野豊美監修・解説『故郷へ：帝国の解体・米軍が見た日本人と朝鮮人の引揚げ』現代史料出版、二〇〇五年。

蘭信三編『日本帝国をめぐる人口移動の国際社会学』不二出版、二〇〇八年。

蘭信三編『帝国崩壊とひとの再移動：引揚げ、送還、そして残留』勉誠出版、二〇一一年。

今泉裕美子・柳沢遊・木村健二編著『日本帝国崩壊期「引揚げ」の比較研究　国際関係と地域の視点から』日本経済評論社、二〇一六年。

雨宮剛『もう一つの強制連行　謎の農耕勤務隊—足元からの検証』自費出版、二〇一二年。

内海愛子・梶村秀樹・鈴木啓介編『朝鮮人差別とことば』明石書店、一九九四年。

大沼久夫『朝鮮分断の歴史：一九四五年〜一九五〇年』新幹社、一九九三年

呉圭祥『ドキュメント在日朝鮮人連盟一九四五―一九四九』岩波書店、二〇〇九年。

海上保安庁総務部政務課編『十年史』平和の海協会、一九六一年。

梶村秀樹著作集刊行委員会・編集委員会編『梶村秀樹著作集』第五巻、明石書店、一九九三年。

梶村秀樹著作集刊行委員会・編集委員会編『梶村秀樹著作集』第六巻、明石書店、一九九三年。

梶村秀樹『解放後の在日朝鮮人運動』神戸学生・センター出版部、一九八〇年。

『解放直後、帰還途上における朝鮮人の遭難と埋葬遺骨に関する調査について』宋斗会の会発行、二〇一一年。

金子定一全集刊行会編『東北太平記の梗概と原註・私註在鮮終戦日記抄』金子定一全集刊行会、一九五八年。

『関釜連絡船史』日本国有鉄道 広島鉄道管理局、一九七九年。

金太基『戦後日本政治と在日朝鮮人問題』勁草書房、一九九七年。

木村秀明『ある戦後史の序章―MRU引揚医療の記録―』西日本図書館コンサルタント協会発行、一九八〇年。

木村秀明『進駐軍が写したフクオカ戦後写真集』（株）西図協出版　一九八三年。

金英達『GHQ文書研究ガイド：在日朝鮮人教育問題』むくげの会、一九八九年。

金英達『金英達著作集Ⅰ　在日朝鮮人の歴史』明石書店、二〇〇二年。

金英達『金英達著作集Ⅱ　在日朝鮮人の歴史』明石書店、二〇〇三年。

金英達『金英達著作集Ⅲ　在日朝鮮人の歴史』明石書店、二〇〇三年。

倉沢愛子・杉原達・成田龍一・テッサ・モーリス=スズキ・油井大三郎・吉田裕編『帝国の戦争経験』岩波書店、二〇〇六年。

『在日朝鮮人管理重要文書集　一九四五～一九五〇年』外務省政務局特別資料課、一九五〇年（湖北社復刻版、一九七八年）。

『占領軍が写した終戦直後の佐世保』芸文堂、一九八三年。

竹前栄治『占領戦後史：対日管理政策の全容』双柿舎、一九八〇年。

竹前栄治『証言日本占領史：GHQ労働課の群像』岩波書店、一九八三年。

竹前栄治監修『GHQへの日本政府対応文書総集成：外務省記録「連合軍司令部往信綴」1』東京エムティ出版、一九九四年。

竹前栄治・中村隆英監修『GHQ日本占領史 第一六巻 外国人の取り扱い』日本図書センター、一九九六年。

竹前栄治・尾崎毅訳『米国陸海軍軍政／民事マニュアル』みすず書房、一九九八年。

朝鮮民衆新聞社編・水野直樹訳『写真集 朝鮮解放一年』新幹社、一九九四年。

鄭栄桓『朝鮮独立への隘路 在日朝鮮人の解放五年史』法政大学出版局、二〇一三年。

鄭大均『在日韓国人の終焉』文春新書 二〇〇一年。

坪井豊吉『〈戦前・戦後〉在日同胞の動き＝在日韓国人（朝鮮）関係資料＝』自由生活社編、一九七七年。

坪江仙二『在日本朝鮮人の概況』巌南堂書店、一九六五年。

外村大『在日朝鮮人社会の歴史学的研究』緑蔭書房、二〇〇四年。

外村大『朝鮮人強制連行』岩波新書、二〇一二年。

内藤正中『日本海地域の在日朝鮮人』多賀出版、一九八九年。

朴慶植『解放後在日朝鮮人運動史』三一書房、一九八九年。

樋口雄一『協和会 戦時下朝鮮人統制組織の研究』社会評論社、一九八六年。

樋口雄一『戦時下朝鮮の民衆と徴兵』総和社、二〇〇一年。

ブルース・カミングス『朝鮮戦争の起源：解放と南北分断体制の出現 一九四五年―一九四七年』第一巻、シアレヒム社、一九八九年。

法務省大村入国者収容所発行『大村入国者収容所二〇年史』一九五〇年。

森田芳夫『朝鮮終戦の記録』巌南堂書店、一九六四年。

森田芳夫『数字が語る在日韓国・朝鮮人の歴史』明石書店、一九九六年。

梁永厚『戦後・大阪の朝鮮人運動一九四五―一九六五』未来社、一九九四年。

ワグナー『日本における朝鮮少数民族 一九〇四～一九五〇年』湖北社復刻、一九七五年（原本、一九五一年）。

あとがき

なぜ日本に韓国・朝鮮人が「在日」として存在するのかについて考える時、今さらながら、日本が引き起こした「戦争」による影響を考えざるを得ない。

例えば、日清両国の衝突のきっかけ自体、朝鮮半島での自国の影響力や領有をめぐるものであり、そこに住む朝鮮民族を無視する形で勝手に争ったのである。また、この戦争後の下関条約（一八九五年）において、日本が獲得した遼東半島を巡り、新たに日本とロシア帝国がしのぎを削るが、これも日清戦争（一八九四年～一八九五年）と同じく、朝鮮半島における農民反乱平定を理由に、日露両国が戦争状態になる。このように日本、中国清朝、ロシア、さらにはイギリス、フランス、ドイツ、さらにはアメリカの思惑が常に朝鮮半島で交差するのである。

そんな中、最終的に一九一〇年、朝鮮半島は日本帝国に併合される。これ以降、日本による「同化政策」が展開し、朝鮮半島から固有の文化の動揺、さらには消滅すら懸念するほど様々な政策がおこなわれた。これは、ようやく一九四五年、日本の敗戦により終止符が打たれる。その後まもなく朝鮮半島では、当時の二大陣営の代理戦争ともいえる朝鮮戦争（一九五〇年～一九五三年）を経験し、日本により破壊されたあらゆるもの、朝鮮戦争により破壊されたものの回復には、相当の時間と努力を要したのである。

私が子供時代を過ごした一九六〇年代から一九七〇年代は、ようやく朝鮮半島が北と南に分断されつつも、どちらとも、日本支配と朝鮮戦争後の混乱から抜け出し、国の立て直しが軌道に乗り始めたといえる時期であった。その私の、原初的「体験」とも呼べる事柄に触れることが本書の端緒となった。

私は小学生時代の六年間を神奈川県川崎市で過ごしている。年代がいつかは曖昧だが、ある時友人たちが、「朝鮮人の子どもたちが私たちを襲ってくる」、といった内容のことを話していることを聞いたことがあった。その時私には、それが事実かどうかというより、なぜそのようなことが話されるのか、非常に不思議な感覚をもった。今ではこの感覚は、不快感のあらわれではなかったかと考える。

その後、社会人になり在日朝鮮人と知り合うことになったが、実は通名しか知らず、その人物がアメリカに留学し、その先からもらった手紙で初めて本名を知ることとなった。なぜ名前を使い分けるのだろうか、そもそも先に述べた噂はなぜうまれたのか、これまでの学校教育を通して学んだ日本と韓国や朝鮮民主主義人民共和国の歴史から、私は回答を持てなかった。

そこで、大学にもう一度入学し卒業論文で、川崎市における在日朝鮮人の存在及び活動を体現している「青丘社」に焦点をあて、日本社会と在日朝鮮人の問題をまとめた。その後、大学院では、修士・博士課程を通して、アジア太平洋戦争終結直後の日本における日本政府とGHQによる在日朝鮮人の「帰国」政策を中心に、「帰国」を実施した送出港である山口県下関港・仙崎港、福岡県博多港、長崎県佐世保港、京都府舞鶴港などの状況について明らかにした。

本書は、拙稿「在日朝鮮人の「帰還」に関する研究（一九四五～一九四六年）」（一橋大学大学院社会学研究科博士学位論文、二〇一四年六月）を再度整理し、加筆、修正したものである。

最後に、宮本正明氏には、修士・博士論文を書くうえで貴重な資料を提供していただいた。心よりお礼申し上げる。また、お名前はあげないが、私の聞き取り調査に応じて下さったすべての方々と、修士・博士論文、本書を出版するにあたり資料を提供していただいた方々や、貴重なアドバイスをして下さった先生方に深く感謝の意を表したい。

最後に、本書は、「敗戦直後の在日朝鮮人の「帰国」に関する研究」で、二〇一五年度、公益財団法人韓昌祐・哲文化財団より出版助成を受けたものであることを記しておく。

さ行

た行

な行

は行

ま行

や行

ら行

わ行

索　引

あ行

か行

著者略歴

鈴木久美（すずき　くみ）

1962 年、東京都生まれ。1998 年、慶應義塾大学通信教育部文学部史学科卒業、2014 年、一橋大学大学院社会学研究科総合社会科学専攻歴史社会研究博士課程修了。博士（社会学）。
現在、駒澤大学、立正大学、日本社会事業大学などで非常勤講師。

主要論文
「敗戦直後の在日朝鮮人の「帰還」―大阪府における対応を中心にして」（『アジア文化研究』第 19 号、2012 年）、「「李ライン」により拿捕、抑留されたＡ氏に聞く」（『大阪経済済法科大学アジア太平洋研究センター年報』第 12 号、2015 年）、「拿捕・抑留日記が語るもの―資料の翻刻と紹介」（『アジア・文化・歴史』第 3 号、2016 年）など。

在日朝鮮人の「帰国」政策――1945〜1946年

2017年 9 月30日　第 1 刷発行

著　　者　鈴木久美
発行者　南里知樹
発行所　緑蔭書房
〒173-0004　東京都板橋区板橋 1－13－1
電話　03(3579)5444　FAX　03(6915)5418
振替　00140-8-56567
印　刷　長野印刷商工株式会社
製　本　ダンクセキ

落丁・乱丁はお取替えいたします。

ISBN978-4-89774-332-5　C3021　¥4000E